Minagawa Tatsuo
Selection

皆川達夫
セレクション

宗教音楽の手引き

樋口隆一［監修］

日本キリスト教団出版局

皆川達夫《みながわたつお》

音楽史学者。一九二七年四月二五日東京生まれ。一九五一年東京大学文学部卒業、一九五三年同大学院修了、中世・ルネサンス音楽史専攻。一九五五—五八年アメリカ合衆国、一九六二—六四年ドイツ、スイス留学。立教大学名誉教授。全日本合唱センター名誉館長。元東京大学、東京藝術大学、慶應義塾大学講師。中世音楽合唱団（一九五二年設立）主宰。

著書に『中世・ルネサンスの音楽』『バロック音楽』『合唱音楽の歴史』『洋楽渡来考——キリシタン音楽の栄光と挫折』ほか多数。

ＮＨＫラジオ番組「バロック音楽の楽しみ」（ＦＭ放送、一九八五年まで二〇年間）、「音楽の泉」（ＡＭ第一放送日曜朝、二〇二〇年まで三二年間）解説担当。

一九七八年イタリア政府よりキリシタン音楽研究の功績によってカヴァリエーレ勲章を、二〇〇三年論文「洋楽渡来考」によって芸術学博士（明治学院大学）の称号を授けられる。二〇〇八年ＮＨＫ放送文化賞を受ける。

二〇二〇年四月一九日帰天。

宗教音楽の手引き　目次

装幀　ロゴス・デザイン　長尾優
カバー写真　御澤徹

皆川達夫セレクション　宗教音楽の手引き

本書は月刊『家庭の友』（サンパウロ）二〇〇五年一月号から二〇〇六年一二月号に連載された皆川達夫「宗教音楽の手引き」の再録です。

1　グレゴリオ聖歌ブーム

何年か前の話ですが、「グレゴリオ聖歌ブーム」と呼ばれた時期がありました。クラシック音楽にまったく関心のない、いわんや宗教などに全然思いを寄せたことのない若者たちが、発作的に、そう、まさに発作的な熱狂ぶりでグレゴリオ聖歌を聴き始めたのです。

わたくしもその現場に立ち会って、ビックリした経験があります。あるレコード店の店先ですが、何気なく新しいＣＤを物色していたわたくしの横に、二人の青年が現れました。一人がけたたましく叫びます。「ア、グレゴリオ聖歌あるジャン。これオレ探してたんだ」。「エ、グレゴリオ聖歌！　買うジャン」。

そう言って二人はグレゴリオ聖歌のＣＤを、ジャンジャン買い出したのです。

これには、わたくしのほうが驚きました。そうでしょう。ジーンズのところどころに穴が開いていて、耳や鼻になにやらジャラジャラぶら下げた若者二人。どう見てもクラシック音楽などに思いを寄せたことがないと考えざるをえない若者たちが、グレゴリオ聖歌のＣＤを買っているのです。

このグレゴリオ聖歌ブームは、まずスペインの若者の間で始まり、それがアメリカで熱狂的なブームを巻き起こし、さらにはこの日本にまで飛び火したのでした。

残念ながらこのブームは、やがては消え果て、今は見向きもされなくなってしまいましたが、しかし一時の流行とは言え、グレゴリオ聖歌が現代の若者の心を揺《ゆ》する何かがあったのは確かです。

そう言えば、同じような経験があります。わたくしが解説を担当させていただいているＮＨＫのラジオ番組で、グレゴリオ聖歌を放送したことがありました。この時の反響は予想以上に大きく、東北の農家で独り暮らしをされているお年寄りの女性から「きびしい冬の朝、雪下ろしを終えて、ラジオで聴いたグレゴリオ聖歌から安らぎをいただきました」、また沖縄の病院で長年の病を癒しておられる男性から「グレゴリオ聖歌を聴いて、生きる力を授かりました」などというお手紙を頂戴しました。グレゴリオ聖歌という音楽が、人を救う力をもっていることを知って、音楽に携わることができる幸せを痛感いたしました。

さらに青森県の女子高校生から、こんなお便りをいただきました。「今朝、ラジオでグレゴリオ聖歌の放送を聴いて、一日中しあわせな気持ちになりました。裏の池の鯉も、グレゴリオ聖歌に感激して跳びはねています」。

裏の池の鯉が登場するあたり、いかにも東北の風土に住む生活が実感されます。おそらくキリスト教のことなどまったく知らないであろう少女を感動させる力が、グレゴリオ聖歌には秘められていたのでした。

どうしてグレゴリオ聖歌には、そのような力があるのでしょうか。その問いにたいして、いろいろ理屈をつけて説明することは可能です。

たとえば、グレゴリオ聖歌にはハーモニーもないし、楽器の伴奏もないのが基本です。たった一本のメロディの線だけで営まれる「単旋律」の音楽です。そのように、音楽のいちばん本質的、基本的なあり方をしているが故に、すべての人に訴える力があります。

あるいはまた、グレゴリオ聖歌は「教会旋法」といって、近代の西洋音楽の長調や短調とは違った音階で営まれる音楽です。この教会旋法は、日本の民謡の音階に近いところがあり、その故に日本人の心に訴えかけるのです。

さらにまた、グレゴリオ聖歌のリズムは「自由リズム」といって、近代の西洋音楽の三拍子や四拍子などの「拍節リズム」とは異なり、より自由なリズムによって営まれます。日本の民謡には、この「自由リズム」によるものが多く、その故に日本人の心に強く訴えかけることになるのです。等々。

いろいろな説明の仕方が可能でしょうし、それらは決して間違いではありませんが、やはり、それだけでは語りつくせない不思議な神秘的な力が、グレゴリオ聖歌には秘められているようです。そうして、その不思議な力はグレゴリオ聖歌に限らず、「宗教音楽」と呼ばれるキリスト教の音楽全体に認められるようです。もし、そうでないとしたら、キリスト教国でもない日本で、少なからぬ人びとが「宗教音楽」に深い関心を寄せている現象が説明できなくなってしまうではありませんか。

（『家庭の友』二〇〇五年一月号）

2　ポリフォニー音楽の神秘

今からほぼ六〇年ほども前のお話です。その頃日本では「音楽」はバッハから始まったもので、それ以前には「音楽」などなかったと思われていました。もちろん日本の民謡や伝統音楽、それにヨーロッパの古い民謡、たとえば『蛍の光』などは知られてはいましたものの、それらは「音楽」と呼ぶに値しない、少なくとも傾聴すべき芸術的な「音楽」ではない。聴くべき「音楽」は「音楽の父」であるバッハによって始められたと、そう考えられていたのです。

その時代に、奇跡的な出来事といってよいと思うのですが、旧制高等学校の学生だったわたくしは十五世紀のジョスカン・デ・プレや十六世紀のパレストリーナらによる宗教音楽のレコードを聴くことができました。確かにそれは奇跡的と思うほかにない、希有《けう》な機会でした。ラジオでもレコードでも、いわんや演奏会で、バッハ以前の音楽など聴ける時代ではなかったからです。

　今まで耳にしたこともない十五、十六世紀の宗教曲を聴いてわたくしは、いくつもの声の波が寄せては返すように営まれるこの音楽の魅力に捉えられ、心の奥底に不思議な感動の渦がわき起こるのを覚えました。

　それらの音楽は「ポリフォニー」といって、いくつかの横のメロディ（旋律）が重なりあう流れによって構成される音楽です。これにたいして、わたくしたちが日頃聴き慣れている音楽は「ホモフォニー」と呼ばれ、一つのメロディを縦のハーモニー（和音）で支えるタイプの音楽です。たとえばピアノを弾く左手がドーミーソードーミーソとハーモニーを奏する上に、右手がメロディを歌ってゆく形の音楽、それが「ホモフォニー」です。絵でかくと、下の図の

ポリフォニー

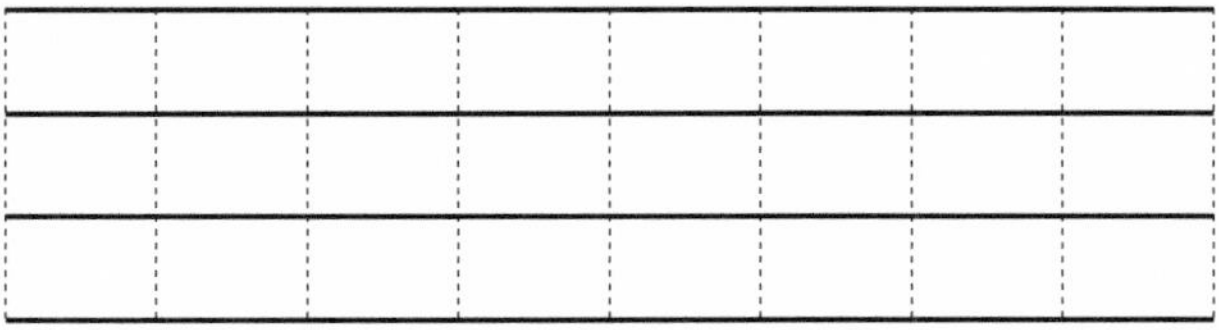

ホモフォニー

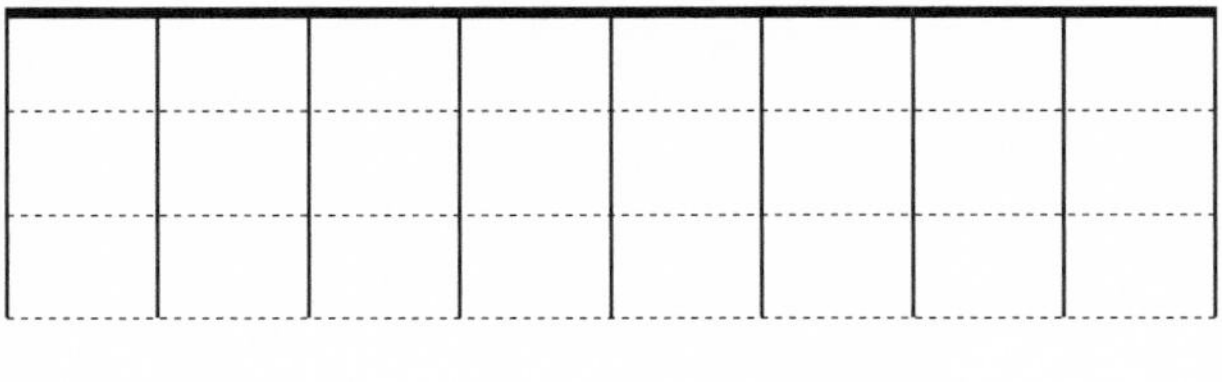

ようになるでしょう。

この「ホモフォニー」が日常的で、現世の人間の業《わざ》であることを感じさせるのに反して、「ポリフォニー」は次から次とわき立って無限に流動し、この世を超えた神秘的な雰囲気を伝えてくれます。まだ二〇歳にもならぬわたくしは「ポリフォニー」音楽にすっかり魅せられ、この音楽を勉強してみたいと望むようになったのです。

ところが戦争が悪化し、男の子であれば否応なしに戦争にかり出されて死ななくてはならない運命がせまってきました。音楽の勉強など許されなくなり、仕方ないので、人を殺さず、自分も死ななくてすむ医学の勉強に方向転換せざるをえなくなりました。

その戦争もやっと終わり、「死んだはずだから、たとえ生活が苦しくても自分が望む道を歩もう」と決心して、念願の「ポリフォニー」音楽の研究に踏みきり、今日にまで至りました。大学の卒業論文では『十五、十六世紀ポリフォニー音楽』をテーマに提出したところ、当時の指導教授で後に東京大学総長となられた林健太郎先生から「皆川君の論文には楽譜がたっぷり入っていて、さっぱりわけが分からなかった。困った、困った」と、卒業後いつまでもお叱りを受ける始末でした。

その論文で扱ったのは、十五世紀に活躍したデュファイ、オケゲム、それに先ほどあげたジヨスカン・デ・プレ（三人ともフランドル、今日の北フランス・南ベルギー地域の出身）、さらに十六世紀のパレストリーナ（イタリア）、ビクトリア（スペイン）、バード（イギリス）といった音楽家たちによる宗教音楽作品です。

それらの音楽は「ポリフォニー」の構成によって、つきることのない感動を与えてくれます。六〇年前とは違って、今日ではこれらの音楽をＣＤでもラジオでも、演奏会でもいくらでも聴く機会がありますので、「古くさい退屈な音楽なんだろう」といった偏見をもたず、是非とも聴いてみてください。きっと今までの音楽の世界とは違った感動をもたらしてくれるに相違ありません。

できることなら合唱団に参加してご自身で歌ってみると、よろしいでしょう。「ホモフォニー」の合唱曲ではソプラノばかりいい気持ちになってメロディを歌い、それ以下のパート（声部）のアルトやテノール、バスたちはそのメロディにハーモニーをそえることに専念します。もちろんハーモニーを作り上げること、いわゆる「ハモる」ことも楽しくはありますが、「ポリフォニー」合唱曲ですと、すべてのパートが互角に平等にメロディを歌い重ね合ってゆくだけに、その楽しさは格別です。しかもその中から日常とは違った、奥深くて不思議な感動――宗教的感銘と言い換えてもよろしいでしょう――が、わき起こってきます。わたくし自身、十

五、十六世紀「ポリフォニー」音楽を通じて、言葉を超えた神の福音に接しえたようにさえ思っております。

（『家庭の友』二〇〇五年二月号）

3 ジョスカン・デ・プレ作曲『ミサ・パンジェ・リングァ』

前回は「ポリフォニー」についてお話ししました。十五世紀から十六世紀にかけての「ルネサンス」の時代では、音楽は「ポリフォニー」の書法によって作り上げられていたのです。そのようなルネサンス期ポリフォニー宗教曲の中から、いくつかすぐれた作品をご紹介いたしましょう。

まず『ミサ曲』です。これは、キリスト教教会、とくにカトリック教会における「ミサ」典礼のための音楽です。当「手引き」をお読みの方がたなら、「ミサ」についての説明は不要と思います。イエス・キリストの最後の晩餐に起源をもつ「ミサ」では、いろいろな聖歌が歌われますが、その中で基本的に一年間を通じて同じ言葉が歌われるものが五曲あります。「ミサ」の始まりの「回心」に続いて歌われる『あわれみの賛歌（キリエ）』、神の栄光をたたえて歌う『栄光の賛歌（グローリア）』、キリスト者としての信仰を表明する『信仰宣言（クレド）』、

「ミサ」の中核となる「聖変化」の前で歌われる『感謝の賛歌（サンクトゥス）』、聖体拝領の前の『平和の賛歌（アニュス・デイ）』――以上の五曲です。

『感謝の賛歌』を例にとりますと、クリスマスであろうと復活祭であろうと、「聖なるかな、聖なるかな、万軍の神なる主。……」と、その言葉は一年を通じて変わることがありません。これら五つの聖歌は、どのような機会であっても常に同じ言葉によって歌われるという意味で、「ミサ通常文聖歌」と呼ばれます（ただし『栄光の賛歌［グローリア］』のように、クリスマスや復活祭などの前には歌われないことも例外的にあります）。

ふつう『ミサ曲』と名付けられるのは、それら五つの「ミサ通常文聖歌」――『あわれみの賛歌』『栄光の賛歌』『信仰宣言』『感謝の賛歌』『平和の賛歌』から構成された音楽作品を意味します。

十五、十六世紀のルネサンス時代の作曲家たち、またその後のバッハも、モーツァルトもベートーヴェンたちも、それぞれすぐれた『ミサ曲』を作曲しておりますが、すべて五つの「ミサ通常文」部分の中から構成されているのです。

一方それにたいして、たとえば『答唱詩編（グラドゥアーレ）』や『奉献の歌（オッフェルトリウム）』などのように、特定の機会――たとえばクリスマス、復活祭、キリストの昇天、等々

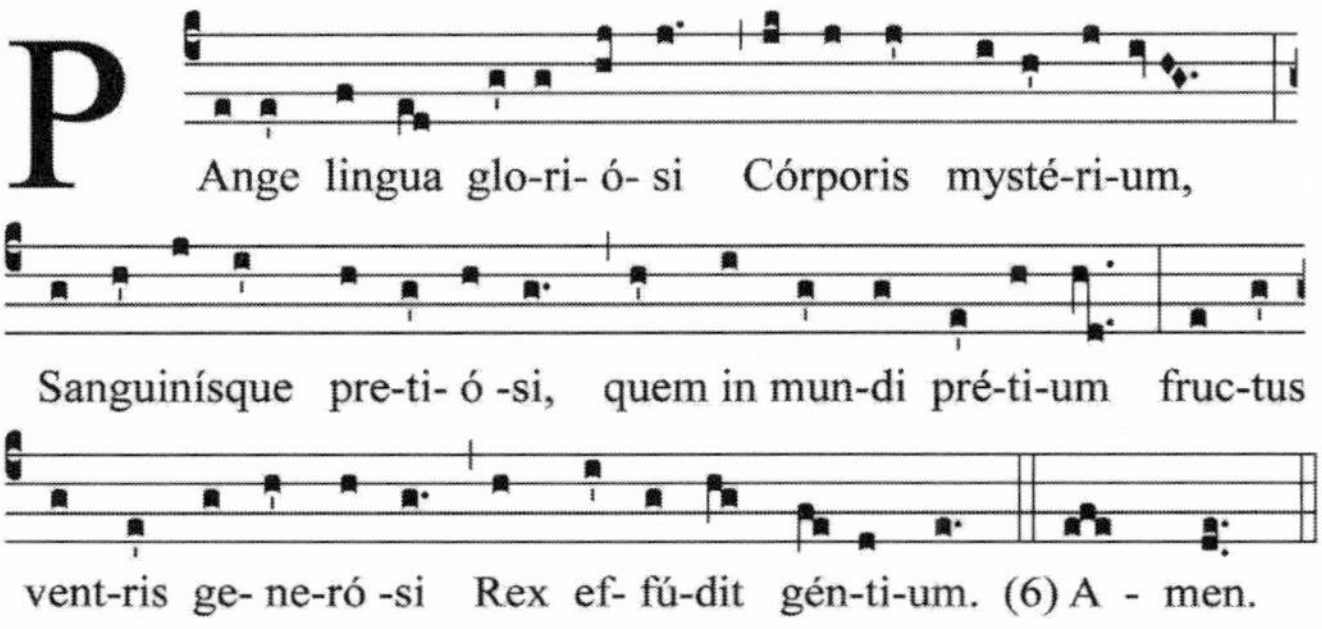
P
Ange lingua glo-ri- ó- si Córporis mysté-ri-um,
Sanguinísque pre-ti- ó -si, quem in mun-di pré-ti-um fruc-tus
vent-ris ge- ne-ró -si Rex ef- fú-dit gén-ti-um. (6) A - men.

に応じて、それぞれにふさわしい言葉で歌われる聖歌があります。それらは、その日その時により言葉が変わるという意味で、「ミサ固有文聖歌」と呼ばれます。

話を、ルネサンスの「ポリフォニー・ミサ曲」に戻しましょう。今回はジョスカン・デ・プレ作曲の『ミサ・パンジェ・リングァ』を取り上げました。十五世紀の中頃にフランドル地方（今日の南ベルギーから北フランスにかけての地域）に生まれ、一五二一年に没した音楽家です。

楽譜をごらんください。グレゴリオ聖歌の『パンジェ・リングァ（わが舌よ、神をほめたたえよ）』（楽譜A）のメロディが、この『ミサ曲』の『あわれみの賛歌（キリエ）』ではリズムを少し変えて、楽譜Bのようにテノールに歌われます。しかも、そのテノールに続いて歌い始めるバスも、ソプラノもアルトも、すべてテノールの動きを真似し、模倣して歌っていきます。これ

楽譜A

パンジェ・リングァ（グレゴリオ聖歌）

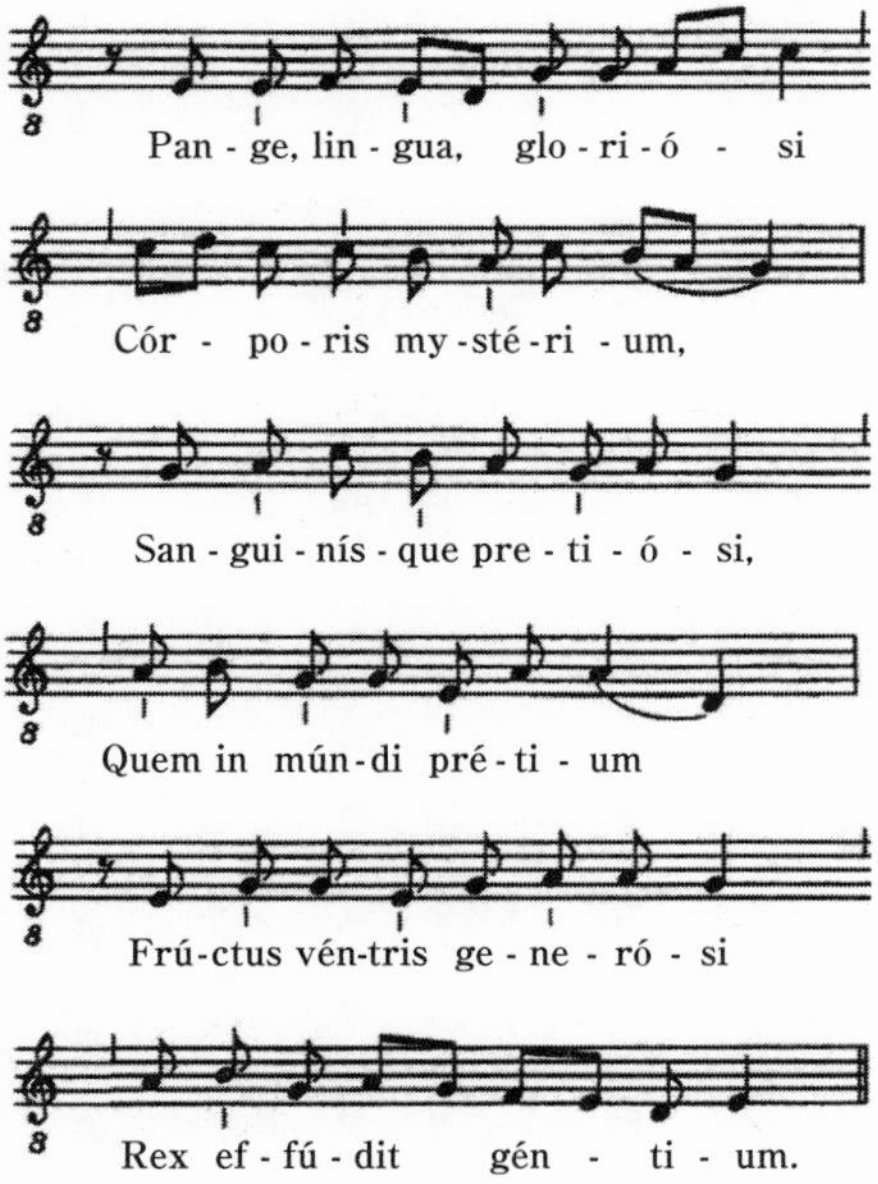

楽譜B

ミサ・パンジェ・リングァ

キリエ　　　ジョスカン・デ・プレ作曲

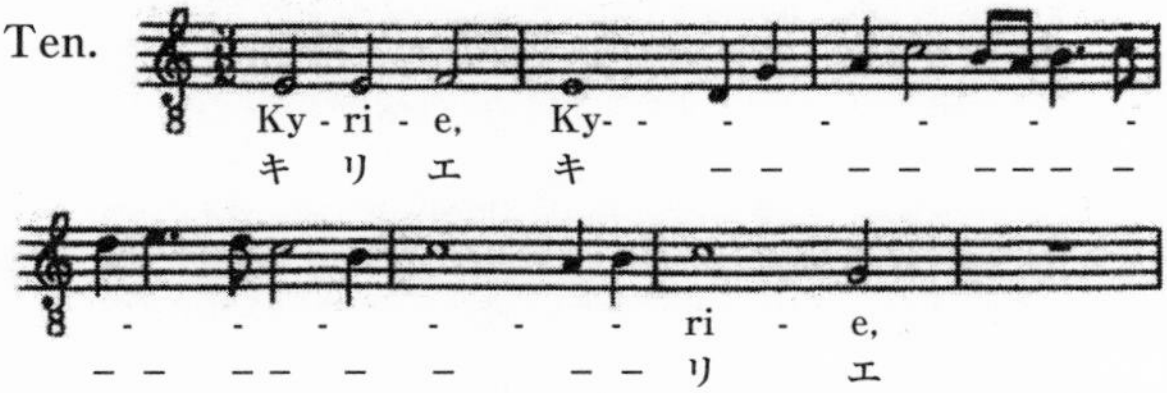

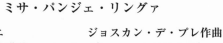

によって、楽曲は有機的にまとめ上げられ、一つの統一体に結晶していきます。

驚いたことに、それに続く『栄光の賛歌』も、『信仰宣言』も『感謝の賛歌』も、最後の『平和の賛歌』にいたるまで、五つの「通常文」部分が、すべて同一のグレゴリオ聖歌のメロディ（楽譜A）によって、それぞれの言葉の内容に応じて好ましく変形されつつ、展開していきます。

ここには、感嘆すべき統一があります。ジョスカンは、レオナルド・ダ・ヴィンチと同じ時代の音楽家ですが、彼が作曲した『ミサ・パンジェ・リングァ』には、レオナルドの絵画作品と共通する古典的な統一の原理が感じとられるではありませんか。

レオナルドの絵画作品が「ルネサンス芸術の傑作」といってよいなら、同様にジョスカン作曲の『ミサ・パンジェ・リングァ』も「ルネサンス芸術の傑作」と評して差し支えないでしょう。イギリスのタリス・スコラーズ（ピーター・フィリップス指揮）による名演奏のＣＤがありますので、是非とも一度お聴きになってみてください。

（『家庭の友』二〇〇五年三月号）

4　バッハ作曲『受難曲』

復活祭が近づきました。キリストの復活を喜びたたえる復活祭の一週間前には、教会で十字架上のご受難を記念する行事が種々厳粛に執《と》り行われます。その中で特に受難の物語の朗読が重要です。中世の昔から、カトリック教会ではラテン語福音書の受難の章を、一人の聖職者がキリストの言葉、他の一人はキリスト以外の人物――たとえば使徒や総督ピラトや群衆など――の言葉、もう一人は人物の言葉ではない福音書の文言をそれぞれ分担して受けもち、計三人の聖職者が受難物語を一定の節回しによって朗読していくことが行われてきました。この行事は日本のカトリック教会でも、日本語によって荘重に実施されています。また南ドイツのアルプス山麓の村オーベルアンメルガウでは、村人たちが総出で受難物語を演技と音楽によって上演する伝統が今なお継承されております。

受難物語の朗唱は、十五世紀から十六世紀にかけてのルネサンス時代に規模がますます大きくなっていきました。それまでは単旋律の素朴なかたちで歌われていたものが、ここでは複雑で、はなやかなポリフォニー音楽によって歌われるようになったのです。

また、この十六世紀になりますと、宗教改革運動が起こって、プロテスタント教会、わが国でいわゆる新教の教会が成立することになりました。この新しい教会にも受難朗唱の伝統は受け継がれていきます。

特にドイツ福音教会の創始者マルティン・ルターは、母国語による教会音楽を重視しましたので、ドイツ語による劇的で大規模な受難音楽が、十七世紀から十八世紀にかけて多数作曲されることになったのです。これら十七世紀から十八世紀、バロック時代に成立した受難音楽は、この時期に始まったオペラやオラトリオなどの劇音楽の手法を取り入れて、劇的効果十分に作曲されていきます。

つまり、受難の一部始終を物語る福音書の文言、またキリストをはじめとするそれぞれの人物の言葉は、それぞれの人物を分担する歌手が言葉の抑揚を重視する叙述的な「レチタティーヴォ」によって語っていきます。それら歌手たちの中でも、キリスト役のバス歌手、また福音書の文言を朗唱する「福音史家」のテノール歌手の役割は、特に重要です。また群衆たちの言葉は、当然のこと「合唱」によって迫力をもって歌われます。

これら福音書の文言に加えて、オペラなどの劇音楽の影響から、聖書にはない自由な宗教的叙情詩がさしはさまれるようにもなりました。受難物語の展開に応じてそれぞれの場面にふさわしい叙情詩が「アリア」として歌われ、楽曲に大きな彩《いろど》りをそえるようになったのでした。受難物語を福音書の文言によって朗唱していくだけでは、音楽がどうしても一本調子になりますので、美しいメロディ、豊かな「アリア」や「重唱」を付加することによって、音楽的にふくらみをつけ、充実させようとしたのです。

さらにドイツ・プロテスタント教会の受難音楽には、合唱による「コラール」――福音教会のドイツ語賛美歌がいたるところにさしはさまれて、キリストの受難を悼《いた》む一般信徒の心情を代弁しようとしています。たとえば、キリストが十字架を背負って刑場に引かれていく場面では、コラール『血潮したたる主のみ頭《かしら》』が歌われ、悲愴感を強調します。すべてのドイツの福音教会信徒が日頃歌い、親しんでいた受難コラールをここで歌うことによって、悼みの思いはすべての参加者に共通する心情となって高まっていくことになるのです。

このような構成をもった劇的な受難音楽が、十七世紀から十八世紀のバロック時代のドイツに成立するようになり、この地の各都市の教会で演奏されました。それぞれの教会楽長たちは、その職責と名誉に値《あたい》する受難曲を作曲して演奏するのがたいせつな義務とされたのです。バッハの受難曲も、このような状況から生まれました。

記録によりますと、バッハは五つの受難曲を残したと言われますが、今日まで完全な形で伝えられているのは『マタイの福音書による受難曲』と『ヨハネの福音書による受難曲』との二曲です。ここには中世以来のもろもろの音楽遺産が流れ込み、しかもそれがバッハの強烈な音楽個性に溶解されて、偉大な記念碑的な音楽作品に結晶しています。さながら海に注ぎ込むもろもろの川のように、すべての要素が流入し、しかもそれが巨大な一つの結晶体に凝結しているのです。ベートーヴェンが「バッハは小川（バッハ）ではなく、大海（メール）である」と評したのも、まさにそのようなことを言い表したのでありましょう。

（『家庭の友』二〇〇五年四月号）

5 『グレゴリオ聖歌』と『レクイエム』

人間とは、必ず死ぬものです。いかに権力者であろうと、金持ちであろうと、死から逃れることはできません。しかし、死ねばすべてが無になるかというと、そうではありません。キリストは「わたしは復活であり、命である。わたしを信じる人は、死んでも生きている。わたしを信じて生きているものは、すべて永遠に死ぬことはない」と教えておられます。無になるのは肉体であって、霊魂は生き続けるのです。したがって、キリストの教えを信じる者にとって、「死」とはキリストのみもとで新しい生命を与えられる出発点であり、復活への道であって、悲しいことでも汚《けが》れたことでもありません。

これにたいして、日本の神道などでは死は穢《けが》れとされ、お祓《はら》いをして清め、荒ぶる魂を鎮《しず》める「鎮魂《ちんこん》」が重視されますが、キリスト教、とくにカトリック教会ではこの世を去った方がたへのミサが執《と》り行われ、そこではよろこびの聖歌『アレルヤ』が歌われさえするのです。したがって、キリスト教の「死者のためのミサ」を「鎮魂ミサ」と呼ぶのは、神道の概念を混在して不適切ということになります。

さて、死者のために執り行われるミサは、ふつう「レクイエム」と呼ばれます。ミサの冒頭に歌われる『入祭の歌（イントロイトゥス）』が「主よ、みもとに召された人々に永遠の安らぎを与え、あなたの光の中で憩わせてください」と、ラテン語の歌詞が「レクイエム・エテルナム（永遠の安らぎ）」の語で始まることから、「死者のためのミサ」すなわち「レクイエム」と呼ばれました。

「レクイエム」も「ミサ」の一種ですから、『あわれみの賛歌（キリエ）』『感謝の賛歌（サンクトゥス）』『平和の賛歌（アニュス・デイ）』などの「ミサ通常文聖歌」が歌われることは言うまでもありませんが、ただし『栄光の賛歌（グローリア）』と『信仰宣言（クレド）』とは必ずしも「死者のためのミサ」には適切ではなく、歌われません。

一方、『入祭の歌（イントロイトゥス）』『答唱詩編（グラドゥアーレ）』『奉献の歌（オッフェルトリウム）』などの「ミサ固有文聖歌」も、それぞれ「死者のためのミサ」にふさわしい言葉によって歌われてゆきます。

楽譜A

あわれみの賛歌　Kyrie《キリエ》

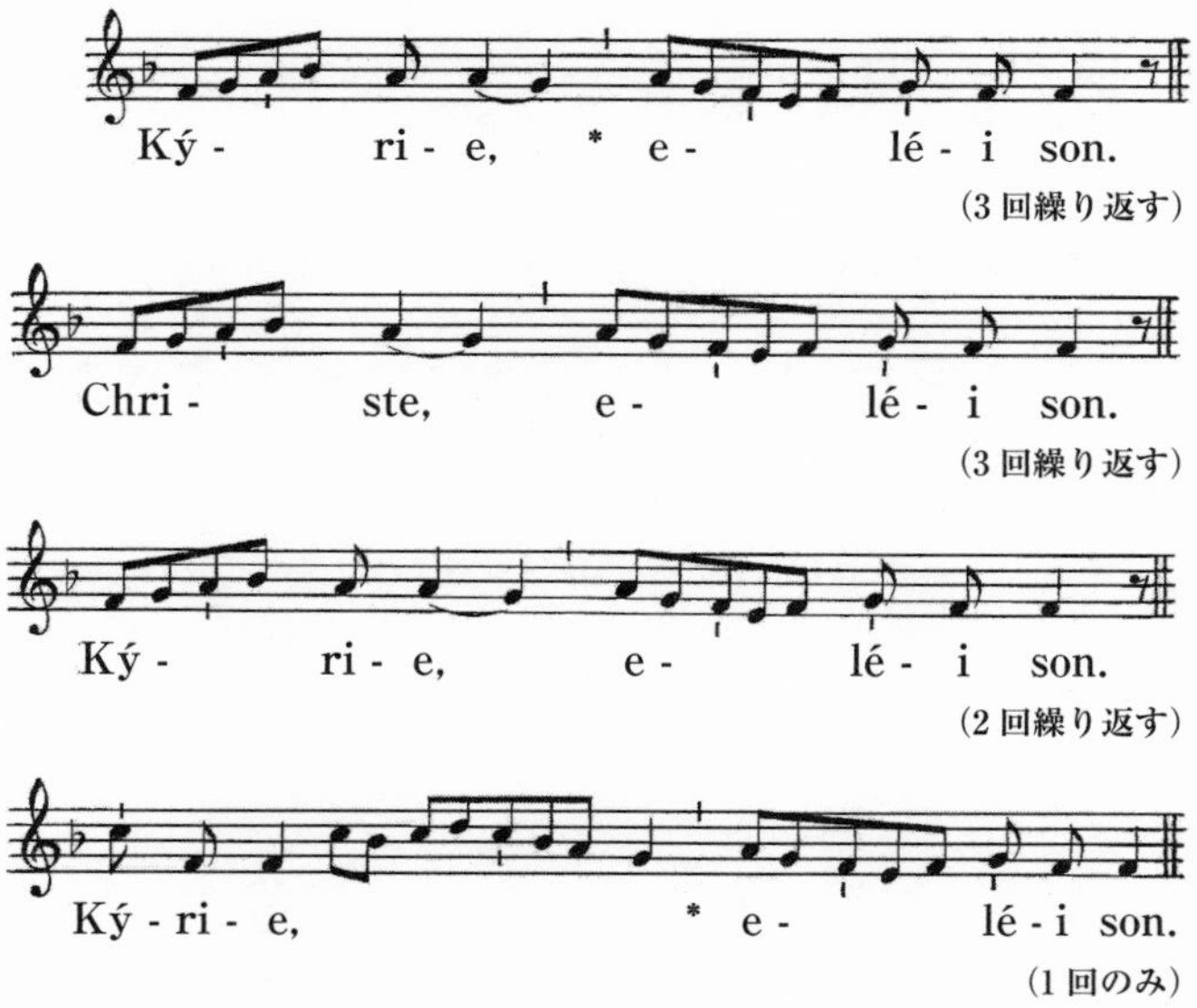
Ký- ri- e, * e- lé- i son.
（3回繰り返す）
Chri- ste, e- lé- i son.
（3回繰り返す）
Ký- ri- e, e- lé- i son.
（2回繰り返す）
Ký-ri- e, * e- lé- i son.
（1回のみ）

中世の昔から「レクイエム」は、単旋律のグレゴリオ聖歌によって、素朴に、しかも深い祈りの思いをこめて歌われてきました。楽譜Aの『あわれみの賛歌（キリエ）』のメロディを見てください。まったく同一の単純な動きが、三回プラス三回プラス二回、合計八回も繰り返されます。上の音がファ、下の音がシと、わずか五度音程の中で、天に向かって祈り続けるようにメロディが動いているだけですが、最後になって、ソードと上から下に大きく飛躍下降し、まるで天から「永遠の光」がさ

楽譜B

続唱《セクエンツィア》　Sequentia

1.　Di - es　i - ræ, di - es　il - la,　Sol - vet　sæ-
2.　Quan-tus tre-mor est fu-tú-rus,　Quan-do　ju-

clum　in　fa - víl-la :　Te - ste　Da - vid cum Si-býl-la.
dex　est ven-tú-rus,　Cun-cta　stri- cte dis - cus-sú-rus.

＊『カトリック聖歌集』光明社発行より

し下ったような思いをあたえてくれます。最小限必要な手段で最大限の感動をつくりだす、まさにグレゴリオ聖歌ならではの表現の世界です。

楽譜Bは、「レクイエム」において福音書の朗読の前で歌われる『続唱（セクエンツィア）』の始まりです。「この日こそ怒りの日である（ディエス・イレ）」と、最後の審判の有様を歌っています。このファーミーファーレーミードーレーレーの動きがたいへん印象的であるために、「死」や「最後の審判」の音象徴として、ベルリオーズ作曲の『幻想交響曲』（一八三〇年）やリスト作曲の『死の舞踏』（一八四九年）などのテーマとして使われてきました。現在この『続唱』は、あまりにも死の恐怖を強調しすぎる故に歌われなくなっておりますものの、音楽史的には重要な役割を果たしてきたものでした。

グレゴリオ聖歌の復興に大きな貢献を果たした中央フランスのソレム修道院聖歌隊が歌ったCDに、すぐれた「レクイエム」の演奏があります。ぜひ一度お聴きいただきたいと思います。ただし、新しい録音盤には当然ながら続唱『怒りの日（ディエス・イレ）』は含まれておりません。故ガジャール神父が指揮した旧録音にしか収録されておりませんので、ご注意ください。

さらに話は飛躍しますが、二十世紀フランスの作曲家モーリス・デュリュフレは、この「レクイエム」のためのグレゴリオ聖歌をテーマに使って、大合唱、大オーケストラを動員した作品（一九四七年）を遺《のこ》しております。『入祭の歌』以下九つの章（続唱『怒りの日』は作曲されていません）にすべて、中世の単旋律の聖歌が近代音楽の技法によって変容され、しかもグレゴリオ聖歌の祈りの心を、そのまま留《とど》めて歌われてゆきます。ミシェル・コルボによる名演奏盤をお聴きください。


（『家庭の友』二〇〇五年五月号）

6 フォーレ作曲『レクイエム』

死者の霊魂を天国におくる『レクイエム』、正式には『死者のためのミサ曲』は、中世のグレゴリオ聖歌にはじまって、それぞれの時代にそれぞれすぐれた名曲を生みだしてきました。その長い『レクイエム』の歴史の中でも、とくに二十世紀の前半分に活躍したフランスの音楽家ガブリエル・フォーレ（一八四五～一九二四年）作曲の『レクイエム』は注目すべき作品です。

もともとフォーレは、少年時代に宗教音楽教育を重視したパリのニデルメイェール校に学び、カトリック教会音楽の伝統にふかい造詣をもっていました。パリのマドレーヌ聖堂の合唱長やオルガン奏者として活躍し、いくつかのモテトゥスなど愛すべき宗教的作品を作り出しています。なかでも『小ミサ曲』は同声のために単純な手法によって作られ、教会における典礼の実用にもかなった作品です。

一八八八年、フォーレ四三歳の頃、彼の手になる『レクイエム』がマドレーヌ聖堂で初演されました。作曲の直接の動機は父親の死と言われますが、世を去った父親を思い慕う心情がおおげさな身ぶりを伴わずにあふれ出しています。

その後さらに、いくつかの章が追加されたり管弦楽が拡大されたりして、現在ある形に完成されました。その形によりますと、柔和なメロディが流れ出す『入祭唱とキリエ（あわれみの賛歌）』で開始され、ルネサンスふうのカノン（二つの声部の追いかけ合い）の動きによる『オッフェルトリウム（奉献の歌）』、中世の交唱（二つの声部のかけ合い）の形を生かした『サンクトゥス（感謝の賛歌）』、ソプラノ独唱による叙情的な『ピエ・イエズ（やさしきイエス）』、彼フォーレによる名歌曲を思わせるメロディをゆたかに展開する『アニュス・デイ（平和の賛歌）』、バリトン独唱を中心とした『リベラ・メ（解きはなちたまえ）』、最後に、グレゴリオ聖歌を思わせる胸にしみいるメロディが天国の鐘の音で伴奏されてゆく『イン・パラディスム（天国で）』の、合計七つの章から構成されています。

このように『レクイエム』の作曲とは、必ずしも『死者のためのミサ』のすべての章にわたって作られると限りません。むしろ作曲家によって、個々の作品によって、それぞれ異なったいくつかの章だけが作曲されるのが普通ですし、また一方、正規の『死者のためのミサ』以外の章が付加されることも少なくありません。とくにフォーレは、今は亡き父親の永遠の安らぎを願って『イン・パラディスム（天国で）』という章を、結びにつけ加えているのです。

全体をとおしてこの『レクイエム』は、高雅で平安にみたされ、カトリック教会の「死」にたいする観念をよく表明しています。「ディエス・イレ（怒りの日、最後の審判の日）」という強烈な言葉でさえ、フォーレは決してドラマティックで深刻な展開をみせようとはしません。古い録音ですが、アンドレ・クリュイタンス指揮のCDをお薦めします。

フォーレの『レクイエム』をめぐって、わたくしには忘れがたい思い出があります。あの太平洋戦争のさなか多くの学生たちが、学業なかばで戦争にかり出されてゆきました。「東洋平和のための聖戦」というスローガンに疑問を感じ、音楽や芸術を愛する一人の学生にも、出陣の運命がせまってきたのです。今の若い人びとは「それほどまでに戦争反対なら、なぜ反戦運動をしなかったか」と批判しますが、そんなことが通用する生易しい時代ではありませんでした。「死」以外の選択はありえなかったその学生は、「自分が死んだら、写真の前で、フォーレの『レクイエム』のレコードをかけてほしい」と言い残して戦場におもむきました。……その何か月か後に、彼の戦死の報道がもたらされたのです。残された家族たち、友人たちは、遺影をかこんで涙ながらにフォーレの『レクイエム』に聴きいったのは言うまでもありません。

戦争の犠牲になって「死」を強いられたこの学生にとって、ただ一つ心の支えはフォーレの『レクイエム』の救いの確信だったのでした。ここには嘆きのゼスチュアはまったくなく、一見おだやかで現実をすべて超越したかのようで、しかしその故にこそ、あらゆるものを浄化する不思議で純粋な力を蔵しております。最近の日本の一部の政治家や新聞雑誌の論調に、ことさら偏狭なナショナリズムをふりかざして戦争を美化し、あの時代に逆行することを求めるかのような声が目立つだけに、わたくしにはフォーレの『レクイエム』に命を託した学生のことが痛切に思い出されてなりません。

（『家庭の友』二〇〇五年六月号）

7　モーツァルト作曲『レクイエム』

長い『レクイエム』の歴史のなかで、順序が逆になりましたが、もう一曲忘れてならない名曲があります。あのモーツァルト（ヴォルフガング・アマデウス、一七五六〜一七九一年）作曲の『レクイエム』（K・626）です。モーツァルトは、カトリックの伝統あついオーストリアのザルツブルクで、大司教宮廷音楽家を父親に生まれました。当然ながらカトリックの信仰をもち、少年時代からすくなからぬミサ曲や聖母マリア賛歌などを作曲しています。とくに『戴冠《たいかん》ミサ曲』と名付けられるハ長調のミサ曲（一七七九年、K・317）、未完成のハ短調のミサ曲（一七八三年、K・427）、有名な『アレルヤ』をふくむモテトゥス『エクスルターテ・ユビラーテ（おどれ、喜べ）』（一七七三年、K・165）、死の年の『アヴェ・ヴェルム・コルプス（まことのご聖体）』（一七九一年、K・618）など必聴の名作です。

しかし、順風満帆の天才音楽家も、三二歳を過ぎる頃から挫折の運命がせまってきました。

今まで熱狂的な喝采を送っていた世間も冷たくなり、おまけにモーツァルト夫婦の浪費癖が重なって生活が苦しくなっていったのです。健康の衰えも自覚したモーツァルトは三五歳の一七九一年の頃、一曲の『レクイエム』を作曲しています。

この『レクイエム』の作曲、さらにはモーツァルトその人の死をめぐって、いくつかの不思議な物語が伝えられています。死の年、灰色の衣をまとった痩《や》せて背の高い奇怪な男がモーツァルト家を訪問し、名前も告げずに『レクイエム』の作曲を依頼しました。モーツァルトはこれを、地獄の使者が自分の死のために『レクイエム』作曲を求めに来たと思い込んでしまったのです。

その頃書かれた彼の手紙には、こう記されています。「小生はもう頭も混乱し、気力もつきてしまい、例の見知らぬ男の姿が眼の前から追い払えないのです。懇願し、催促し、じりじり待遠しがりながら、小生の仕事をせきたてる彼の姿が絶えず目に入っているのです。ぼくも、作曲している方が、休息している時より疲れないので、仕事を続けています。それだけでなく、ぼくはもう何ものも気にしたくないのです。時にふれ、小生は、もう自分の終りの鐘がなっているなと、ふっと気づかせられるような感じがします。ぼくはもう息もたえだえです。……これ〔『レクイエム』〕はぼくの白鳥の歌です。完成せずに置くわけにゆかないのです」（吉田秀和訳）。

そうした状況のなかでモーツァルトの筆は、『セクエンツィア（続唱）』の結びの『ラクリモーザ（涙の日）』の八小節目でとまってしまいました。もはや作曲をすすめることはできません。死の床に弟子のジュースマイアーを呼びよせると、残りの部分の完成を託し、一七九一年一二月五日、三五歳の短い生命を終えてしまいました。

それほどまでにモーツァルトに強迫観念をもたらした灰色の衣の男とは、実はある貴族がその妻の命日にモーツァルトの『レクイエム』を自分の作品として演奏するために送った人物で、地獄の使者でもなんでもないことが後に明らかになりました。また上記の彼の手紙も偽作の可能性が強いようですし、第一、当のモーツァルトがどこに葬られたのか、お墓の場所さえも不明です。さらに加えて、「モーツァルトは暗殺された」という噂が広まり、十九世紀ロシアの文士プーシキンは『モーツァルトとサリエリ』のなかで、当時のウィーン宮廷楽長サリエリをモーツァルト暗殺の真犯人と断定しています。

未解決の謎はまだまだあって、それならばこそ晩年のモーツァルトをめぐるミュージカルや映画がまことしやかに作られているわけですが、しかし、この『レクイエム』が長いキリスト教音楽史のなかでもとくに卓越した作品であることは間違いありません。現在演奏されているのは、未完成の部分をモーツァルトのスケッチにしたがって、ジュースマイアーあるいは他の

モーツァルト作曲

音楽家が補った形によっております。ブルーノ・ワルター指揮か、カール・ベーム指揮のCDがお薦めです。

曲は『イントロイトゥス（入祭唱）』で始まります。なにやら死が一歩一歩近づいてくるような神秘的な前奏に導かれて、合唱が「レクイエム・エテルナム（永遠の安らぎ）」と歌いだします。続く『キリエ（あわれみの賛歌）』では、楽譜のように**a**と**b**との二つのテーマが同時に組み合って追いかけ合う二重フーガの形で展開します。

その後の『セクエンツィア（続唱）』では、とくに結びの『ラクリモーザ（涙の日）』がモーツァルトの絶筆となった箇所です。すすり泣くヴァイオリンの伴奏に導かれて、哀切の思いをこめた合唱が流れだし、まさに「音楽が音楽と訣別する音」そのものであります。

（『家庭の友』二〇〇五年七月号）

8　キリスト教と音楽①

「キリスト教には、どうしていい音楽がたくさんあるのですか」。しばしばわたくしは、そういったご質問をいただきます。

確かにそうです。仏教にも神道にも、ヒンズー教などにも、それぞれ特有の宗教音楽がありますが、キリスト教にはバッハ、ヘンデルは言うにおよばず、ハイドン、モーツァルト、ベートーヴェン、シューベルトと、大作曲家と呼ばれる人びとの作品には、ほとんど必ず宗教音楽が含まれているのです。

このご質問にたいして、他の場所でも記したことですが、わたくしは次のようにお答えするようにしております。「それは、キリスト教のあり方そのものに関係すると思います。キリスト教という宗教そのものに、音楽と深くかかわり合う要素があるのです」。

このあたりを、もうすこし詳しくお話ししましょう。

キリスト教以外の他の宗教、仏教や神道やヒンズー教などでは、元来は目に見えないはずの神様や仏様を、目に見える姿で可視的に顕《あらわ》そうとする傾向があります。

自然崇拝の素朴な宗教では、森や大木や巨岩や洞窟や山や川や泉や滝や海などの自然物に神様が宿っていると信じて、それを畏《おそ》れて拝みます。

日本の神道にもそのような要素が残っておりまして、奈良県の大神《おおみわ》神社は三輪山という霊峰を、静岡県富士宮の浅間《せんげん》神社は富士山を、長野県の諏訪《すわ》大社は御柱（神木）で囲まれた森林、宮崎県の天岩戸神社は天照大神が隠れたと伝えられる洞窟を、ご神体として礼拝します。変わったところでは、山形県の湯殿山神社では温泉の巨大な噴出物がご神体です。かつてこのご神体について他言が禁じられていたために、俳人松尾芭蕉は湯殿山参詣のおり「語《かた》られぬ湯殿《ゆどの》にぬらす袂《たもと》かな」と詠んで、「ぬらす」という語で感動の涙とともに、はだしの足下をひたひたと流れる温泉を暗示したのでした。

もともとご神体という言葉自体に、目には見えないはずの神様を、可視的な物体で表そうという思いがこめられております。

これがさらに進みますと、神様や仏様の姿を絵に描き、像を刻むようになります。人間の手で神様や仏様の姿を作り出し、それを人間の目で見て礼拝するのです。人間と神様や仏様との出会いは、究極的には「心」の問題のはずですが、そこにいたる手段として、人間は目で「見る」ことによって神様や仏様と出会おうとするのです。

このような宗教では、目で「見る」芸術である絵画や彫刻などが、宗教芸術として重要な役割を果たします。仏教絵画、仏教彫刻、ヒンズー教彫刻、古代ギリシア彫刻などというように、遠いいにしえから、それぞれの宗教はそれぞれのすぐれた美術作品を作り、生みだしてきました。

それらにたいして、キリスト教は、その母体となったユダヤ教とともに、偶像崇拝禁止の立場をとります。神がモーセに授けられた十戒の始まりの部分には、こう記されています。「あなたはいかなる像も造ってはならない。……あなたはそれらに向かってひれ伏したり、それらに仕えたりしてはならない」(出エジプト記二〇章四～五節)。

神の像を造り、それを崇拝し、礼拝してはならない。この戒めは、キリスト教においても同様です。カトリック教会にはキリストや聖母マリア、天使や聖人たちの聖画や聖像が置かれることがありますものの、それはキリストやマリアを尊び、信心を助けるための手段の一つで、崇拝し礼拝するための対象ではありません。

では、人間は何によって神と出会うのでしょうか。ユダヤ教においても、キリスト教においても、神は「み言葉」をもって語り、人間は神の「み言葉」を耳で聴きとるのです。耳で「聴く」ことによって、人間は神と出会い、神の「み言葉」をこの心の内に受け止めてゆくことになります。

「聴く」という行為を通して、人間が神と出会うキリスト教においては、耳で「聴く」ことが、目で「見る」ことに優先します。耳で「聴く」芸術である「音楽」が、目で「見る」芸術である「美術」よりも重要視されるゆえんです。

神に向かって発せられる賛美や祈りの言葉は、「歌う」というかたちで神に捧げられます。また「音楽」のもつ玄妙で神秘的な響きのなかに、神の摂理を聴きとることにもなるのです。中世のグレゴリオ聖歌、ルネサンス、バロック期、さらに古典派、ロマン派、そうして現代にいたるまで、卓越したキリスト教音楽作品が連綿として生みだされてきている理由はここにあります。

この問題は、さらに次章でも触れることにいたしましょう。

（『家庭の友』二〇〇五年八月号）

9　キリスト教と音楽②

前回、キリスト教がなぜ音楽を大切にするかお話ししました。

キリスト教以外の他の宗教では、もともと目に見えないはずの神様や仏様を、目に見える姿で可視的に顕《あらわ》そうとする傾向があります。これにたいしてキリスト教では、人間が耳で神の「み言葉」を「聴く」ことが大切とされます。耳で「聴く」ことが目で「見る」ことに優先する故に、「聴く」芸術である「音楽」が「見る」芸術である「美術」より重視されることになるわけです。

神に向かって発せられる賛美や祈りの言葉は、「歌う」というかたちで神に捧げられます。また「音楽」のもつ玄妙で神秘的な響きのなかに、神の摂理を聴きとることにもなるのです。

音楽にたいするこのような姿勢は、キリスト教の母体となったユダヤ教でもすでに明確に認められます。旧約聖書をひもとくと、古代ユダヤ人たちが音楽によせる思いが、随所に読みとられます。モーセに導かれて海を渡り、エジプト軍の追撃をのがれたユダヤの人びとは『海の歌』を歌って神を賛美しました（出エジプト記一五章）。難攻不落のエリコの城壁は角笛の響きでくずれ落ちました（ヨシュア記六章）。

ソロモンが主の神殿を完成したおりには「レビ人《びと》の詠唱者全員……は、麻布《あさぬの》の衣をまとい、シンバル、竪琴、琴を持ち、百二十人のラッパ奏者の祭司たちと共に祭壇の東側に立っていた。ラッパ奏者と詠唱者は声を合わせて主を賛美し、ほめたたえた。そして、ラッパ、シンバルなどの楽器と共に声を張り上げ、『主は恵み深く、その慈《いつく》しみはとこしえに』と主を賛美すると、雲が神殿、主の神殿に満ちた」（歴代誌下五章一二～一三節）。

古代ユダヤ人にとって「賛美し祈る」ことは、そのまま「歌う」ことでした。旧約聖書のなかで内容的に大きな比重をしめる「詩編」とは、神への賛美の歌の歌詞を集めたものです。それらが節《ふし》をつけて、時には楽器の伴奏を添えて歌われたことは、いくつかの「詩編」の頭書《とうしょ》に「指揮者によって、伴奏付き、賛歌」「指揮者によって、笛に合わせて、賛歌」などと記されていることからも明らかです。

「『暁《あかつき》の雌鹿』に合わせて」「『ゆり』に合わせて」「第八調。賛歌」などと記されているのは、「詩編」朗唱のためにいくつかの節《ふし》まわし、旋律型があったことを推察させます。現在でもへブライ語による聖書には、それぞれの特定の旋律の動きを表示する音符のような記号が添えられています。

このような旧約聖書時代の伝統は、そのままキリスト教に継承されました。キリスト教信者にとっても、「賛美し祈る」ことは「歌う」ことであり、「歌う」ことは「賛美し祈る」ことであったのです。

イエス・キリストご自身が、「賛美の歌」を歌っておられます。新約聖書マタイによる福音書二六章三〇節には、過越《すぎこし》の晩餐のおりに「一同は賛美の歌をうたってから、オリーブ山へ出かけた」と記されています。同様の文言をマルコによる福音書一四章二六節でも読むことができます。この過越の晩餐後の「賛美の歌」とは、当時のユダヤ教の慣習による「ハレル」という詩編一一三〜一一八編の朗唱であったと考えられています。

使徒パウロはその手紙のなかで何回となく「詩編と賛歌と霊的な歌」によって、神をほめ歌えと奨励しております（エフェソの信徒への手紙五章一九節、コロサイの信徒への手紙三章一六節）。「歌う人は二倍祈る」という教父の言葉もあるほどです。

このような方針にしたがって、一一〇年代のビティニア（今日のイスタンブールをふくむ黒海沿いのトルコ）のキリスト教信徒たちは「一定の日に、日の出る前に集まり、神をほめたたえて交唱を歌った」のでした。この文言は、かの地の総督であった小プリニウス（六一頃〜一一四年頃）がローマ皇帝トラヤヌスに送った手紙に記したもので、キリスト教信徒ではない第三者の証言であるだけに、より客観性があります。

こうした伝統は今なおキリスト教教会に生き続け、その礼拝、典礼のなかで音楽が重要な機能を果たし続けております。

東方諸教会においても、カトリック教会においても、典礼の冒頭から最後まで多数の聖歌が歌われ、祈願や聖書の朗読でさえ一定の節《ふし》をつけて唱えられるのが建て前です。

またプロテスタント教会においては、礼拝の要所要所で「賛美歌」が歌われて、牧師の言葉を通して語られた事柄を音楽的に注解し、強調し、深化しています。

中世以来、キリスト教は耳で「聴く」芸術である「音楽」を重視し、その結果、今日にいたるまで連綿と宗教音楽の傑作を生みだしてきました。「音楽」は、礼拝や典礼を飾るという単なる外面的な次元をはるかに超えて、根源的にキリスト教とふかくふかくかかわり合っているのです。

〈著者のおことわり〉前章と本章の本稿は、『ＣＤで聴く キリスト教音楽の歴史　初代教会からJ・S・バッハまで』解説書（日本キリスト教団出版局）記載の拙文に若干手を加えて再録しました。

（『家庭の友』二〇〇五年九月号）

10 『サカラメンタ提要』出版四〇〇周年

ヨーロッパの音楽、いわゆる洋楽がわが国に渡来したのは明治開国期前後というのが、ほぼ常識のように受け入れられています。ところが、実は今から四世紀半ほど前から洋楽、とくにキリスト教の聖歌が日本に伝わっていたのです。前回お話ししたように、キリスト教はことのほか音楽を大切にいたしますので、一五四九年（天文十八年）鹿児島に上陸したフランシスコ・ザビエル（一五〇六〜一五五二年）によってキリスト教の布教が開始されたのとほぼ平行して、キリスト教聖歌が日本各地で歌われるようになりました。一五五二年（天文二十一年）山口では、クリスマスのミサにラテン語聖歌が歌われたと記録されていますし、一五五七年（弘治三年）の九州大分における聖週間には、日本人聖歌隊が活躍したということです。

とくに一五八〇年以後、日本各地に神学校が開設されますと音楽教育が重視され、一日一時間の声楽と器楽の授業が課せられました。織田信長、大友宗麟《そうりん》といった当時の権力者たちは、日本人神学生たちが奏する洋楽を喜んで傾聴しています。一五八二年（天正十年）ヨーロッパに旅立った四人の少年たち、いわゆる天正遣欧使節は、すでに日本でかなりの音楽の素養を身につけておりました。本場のヨーロッパで大オルガンを臆することなく演奏することができ、かの地の人びとを驚嘆させたのでした。

一五九〇年（天正十八年）少年たちが帰国しますと、その翌年に京都において豊臣秀吉の御前で洋楽を演奏しています。また彼らがもち帰った印刷機によって多数の書籍、いわゆるキリシタン版の宗教書、辞典、文学書などが出版されるようになりました。

その中でとくに、典礼書『サカラメンタ提要 Manuale ad Sacramenta』が注目されます。今年からちょうど四〇〇年前、一六〇五年（慶長十年）長崎で印刷された秘跡執行のためのこのマニュアル書には、一九曲のラテン語聖歌の楽譜が掲載されている

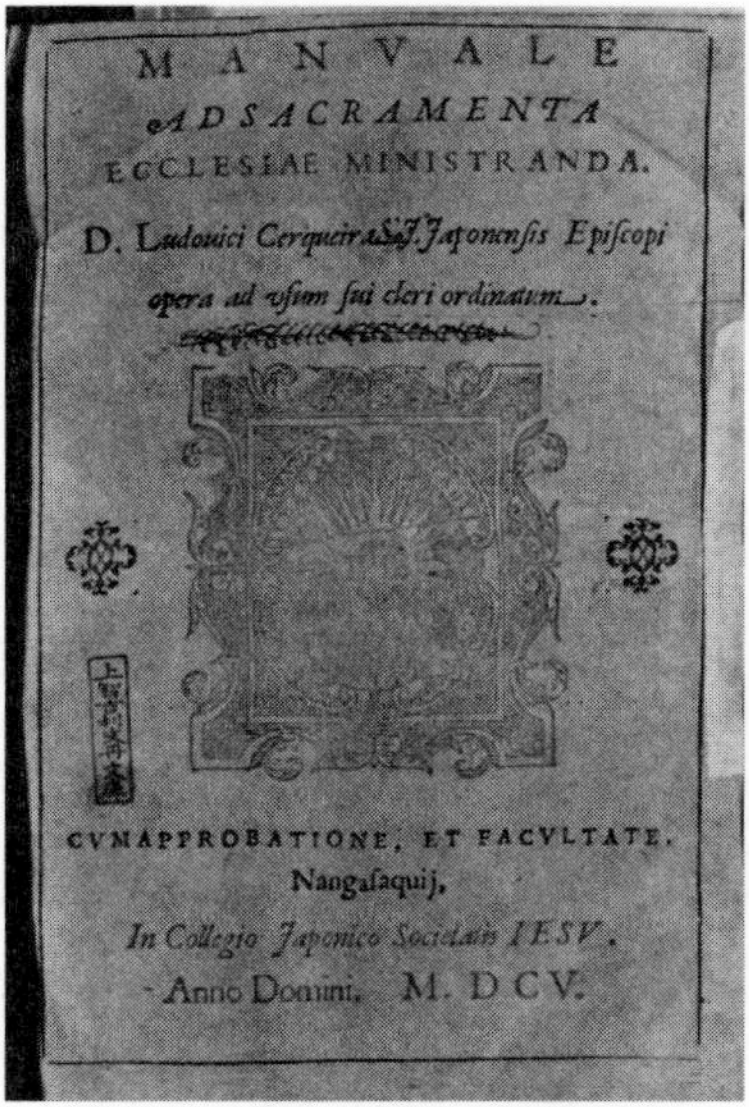
MANVALE
AD SACRAMENTA
ECCLESIAE MINISTRANDA.
D. Ludouici Cerqueira S.I. Japonensis Episcopi
opera ad usum sui cleri ordinatum.
CVM APPROBATIONE, ET FACVLTATE.
Nangasaquij,
In Collegio Japonico Societatis IESV.
Anno Domini. M. D C V.

『サカラメンタ提要』表紙
（上智大学キリシタン文庫蔵）

PAROCHIAS. 395

solaris : protende societati nostræ gratiam tuam : vt per eos, in quibus habitas, tuũ in nobis sentiamus aduentũ. Per Christum Dominum nostrum. ℟. Amen.

¶ Dicta oratione, Episcopus ascēdit ad altare: osculatur eius medium, & benedicit populo solenniter: exponit causas aduentus sui, & quid sit acturus : inducit diligenter populum ad pœnitentiam. & proponit verbum Dei, vt in Pontificali. Quibus expletis fit populo cõfessio, & absolutio generalis, & indulgentia dantur per Pontificem, prout in Missa Pontificali post Euangeliũ ponitur. His actis eo die (si commode fieri possit) celebrat Missam, vel alius vice ipsius, habetur concio, & ante dam legitur edictum generale. Deinde si non celebrauit, lotis prius manibus, indutus amictu, alba, stola, & pluuiali albi coloris, visitat sacrarium corporis Christi, hoc ordine. Ministrante aliquo ex dignioribus, vel Diacono (si adest indutus) amiculam, ponit incensum sine benedictione, si sacrarium fuerit apertum, in thuribulo : genu flexus incensat ter Sacramentum, postea surgens prospicit, an sit sub fida custodia, & munditia, &c. Quibus finitis facta iterum genuflexione, ponit super patenam hostiam maiorem, quam populo ostendit. Interim clerici cantant.

T Antum ergo sacra men tum vene-

394. ORDO VISITANDI

veneremur cernui, Et antiquum documentum Nouo cedat ri tui. Præstet fides supple- men tum Sensuum defectu i.

Genitori, genitoque Laus, & iubilatio.
Salus, honor, virtus quoq; Sit & benedictio :
Procedenti ab vtroq; Cõpar sit laudatio. Amẽ.

℣. Panem de cælo præstitisti eis. ℟. Omne delectamentum in se habentem. Presbyter dicit.

Oremus.

Deus, qui nobis sub Sacramento mirabili passionis tuæ memoriam reliquisti: tribue quæsumus, ita nos corporis, & sanguinis tui sacra mysteria venerari, vt redemptionis tuæ fructum in nobis iugiter sentiamus. Qui viuis, & regnas in secula seculorum. ℟. Amen.

Statim

『サカラメンタ提要』のオリジナル楽譜／「タントゥム・エルゴ」
（上智大学キリシタン文庫蔵）

のです。

図版の『サカラメンタ提要』表紙の下から三行目には「長崎 Nangasaquij」の文字を認めることができますし、最下行にはローマ数字で「一六〇五年(M.DCV.)」と出版年が記されています。

『サカラメンタ提要』記載の聖歌は、一三曲までが葬儀埋葬のためのものです。日本人が先祖を大切にし、死者を手あつく葬る習慣があることを知った宣教師たちが、葬儀のための聖歌を重視したのは当然です。

あと残りの六曲は、司教が管区教会を訪問するおりの歓迎のための聖歌です。信仰をもたぬ日本人たちが目引き

楽譜A　タントゥム・エルゴ

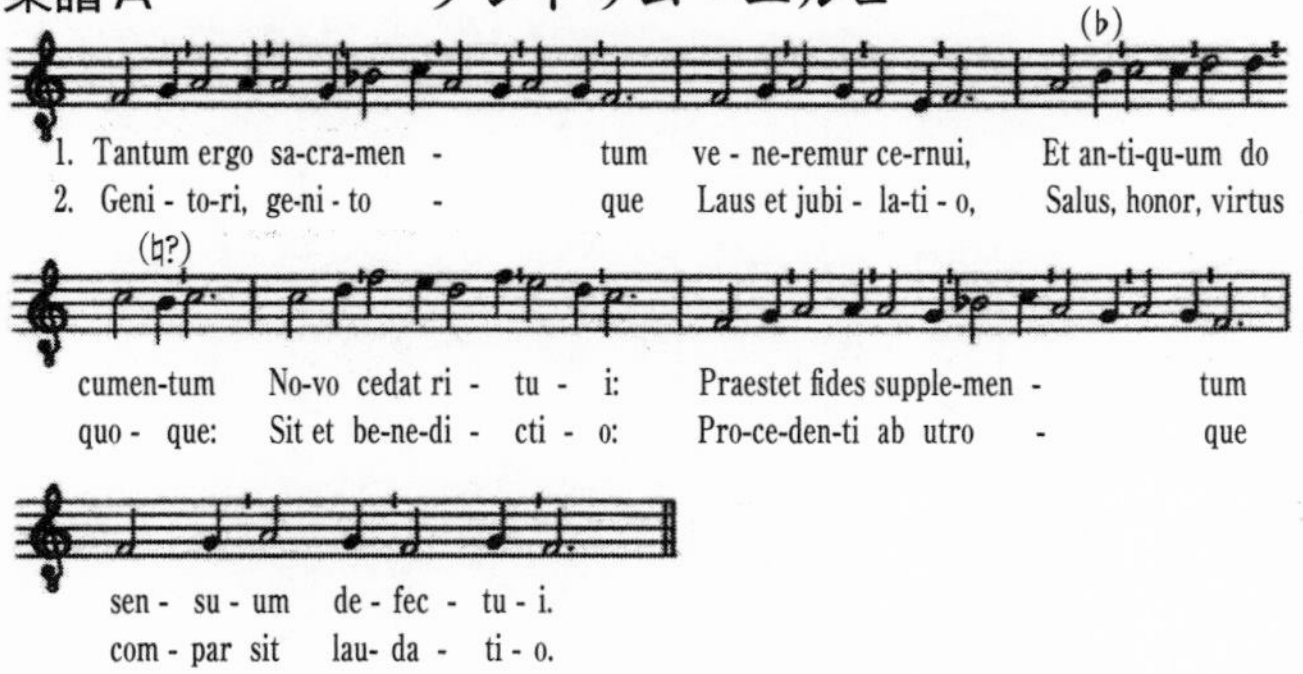
(♭)
1. Tantum ergo sa-cra-men - tum ve - ne-remur ce-rnui, Et an-ti-qu-um do
2. Geni - to-ri, ge-ni - to - que Laus et jubi - la-ti - o, Salus, honor, virtus
(♮?)
cumen-tum No-vo cedat ri - tu - i: Praestet fides supple-men - tum
quo - que: Sit et be-ne-di - cti - o: Pro-ce-den-ti ab utro - que
sen - su - um de - fec - tu - i.
com - par sit lau- da - ti - o.

楽譜B　ヴェニ・クレアトル

Ve- ni cre - a - tor Spi-ri - tus, men-tes tu - o - rum vi - si - ta.
Im- ple su - per - na gra- ti- a, quae tu cre- a - sti pec-to-ra.

袖引き「南蛮のお坊さんが来た、来た」と大勢集まってきた機会に、あえてはなやかな聖歌でアピールしようという意識があったのでしょう。

これらの聖歌のうちの大半は、音楽的にかなり複雑で、特別の音楽訓練を受けないかぎり歌えるものではありません。逆にいえば、日本人の神学生や聖歌隊が相当程度の音楽的水準をもっていたことの証しになるわけです。一方、楽譜に引用した聖体賛歌『タントゥム・エルゴ（かかる尊き秘跡を）』（楽譜A）と聖霊賛歌『ヴェニ・クレアトル（来たれ、創造主なる聖霊よ）』（楽譜B）の二曲は平易な旋律で、一般の信徒でも歌うことができます。事実、九州の農民や漁民たちがこれらの聖歌を歌っていたことは、多くの記録により証言されています。

このように、長崎で印刷された典礼書『サカラメンタ提要』は、間違いなくこの日本の地で、日本人によってラテン語聖歌、それをグレゴリオ聖歌と呼んでほぼ誤りありませんが、キリスト教教会聖歌が歌われていたことを証明する貴重な史料です。

残念ながら、一六一四年（慶長十九年）に始まったキリスト教禁教のため、せっかく上げ潮にあった洋楽の繁栄も中断されてしまい、楽譜も楽器もすべて破棄され、焼却されてしまいました。今なお奇跡的に残されている『サカラメンタ提要』は、日本の地に生き残ったものではなく、印刷直後にヨーロッパや中国に送られたものか、あるいは信仰の自由が認められるようになった明治期以後に、外地から日本に里帰りしたものなのです。

（『家庭の友』二〇〇五年一〇月号）

11　三つの『レクイエム』

一一月は、この世を去られた方がたを思う月です。すでに何曲かの『死者のためのミサ（レクイエム）』についてお話ししてきましたが、今回さらに三つの名《めい》『レクイエム』をご紹介いたしましょう。

まず最初は、ベルリオーズ作曲の『レクイエム』です。フランスの音楽家エクトル・ベルリオーズ（一八〇三〜一八六九年）は、奇怪な標題が付いた『幻想交響曲』や劇的声楽作品『ファウストの劫罰《ごうばつ》』『キリストの幼時』などからも知られるように、意欲的かつ野心的な作風が特徴です。大規模で色彩的な管弦楽の用法、徹底したドラマティックな表現、マス（量塊感）への愛着などで彼独特の音楽の世界を切り拓《ひら》き、ドイツで隆盛をみせたロマン派運動の先駆になりました。

そうしたベルリオーズの音楽の特色は、この『レクイエム』にもはっきり認めることができます。一八三七年、ベルリオーズ三四歳のおり、パリの礼拝堂で初演された、大編成のオーケストラ、四群の金管グループ、少なくとも二〇〇人の大合唱団を必要とするマンモス作品です。ティンパニーだけで一六、シンバルが一〇、さらに「これらの楽器の指定は相対的なものにすぎず、事情のゆるす場合、合唱をさらに増加し……」というのですから、これは大変なものです。

なかでも続唱（セクエンツィア）『ディエス・イレ（怒りの日）』のなかの『トゥバ・ミルム（不思議なラッパ）』の部分で、会場の四隅にそれぞれ分離して配置された三〇本以上もの金管楽器が、左と右、前と後ろと、超ステレオ効果でかけ合ってゆきます。

このベルリオーズ作曲の『レクイエム』にまさるとも劣らないのが、ヴェルディの『レクイエム』です。

イタリアの音楽家ジュゼッペ・ヴェルディ（一八一三〜一九〇一年）は、『リゴレット』『椿姫』『オッテロ』などの名作を生みだしたオペラ作曲家です。『アイーダ』のなかの『凱旋行進曲』はサッカーの応援歌として、日本でもひろく歌われております。

彼の『レクイエム』は一八七四年六一歳のおり、自身の指揮によりミラノの教会で初演されました。さすがオペラの大家だけあって、旋律美とドラマティックな表現にみちた音楽です。とくに続唱（セクエンツィア）の冒頭の『ディエス・イレ（怒りの日）』の金管楽器と打楽器を多用した圧倒的な迫力、また続唱の結びの『ラクリモーザ（涙の日）』における独唱と合唱との流麗かつ叙情的なからみ合いの美しさは、特筆すべきものがあります。

これら二つの『レクイエム』は、まさに十九世紀ならではの宗教音楽作品です。外に向かって働きかけ、訴えかける力があまりにも強烈にすぎ、率直にいって「表現過多」と評せなくもありません。しかし実は、この二曲は葬儀のおりに死者を悼《いた》むための音楽ではなく、世を去った名士や戦死者などを記念して、多数の人びとが参列する大集会のための一種の祝典音楽です。グレゴリオ聖歌やフォーレらの『レクイエム』とは異なった次元にありますので、同列に論じることはできません。

一方、最後にご紹介するブラームスの『レクイエム』は、これら二曲とは対比的に、ふかい省察から発した内面的な音楽です。

ドイツの音楽家ヨハンネス・ブラームス（一八三三〜一八九七年）は、標題音楽やオペラには目をむけずに古典を範とした純音楽の世界を追求して、四つの交響曲や多数の室内楽作品などを残しました。しかも彼はプロテスタントの信仰をもっていました。従来の『レクイエム』とはかなり異なった方向にある音楽です。

一八六八年、ブラームス三五歳のおりに全曲完成されたその『レクイエム』は、ラテン語ではなく、ルター訳のドイツ語聖書によって、死、復活、永世などにかんする聖句を自由に選びだした演奏会用作品として作曲されています。その故に、「deutsches」という形容詞を冠して『ドイツ・レクイエム』と呼ばれるのです。そこには「ドイツ語による」というばかりではなく、「ドイツ精神による」ないし「ドイツ福音教会の」という意味合いまでがこめられているのでしょう。ただし『ドイツ鎮魂曲《ちんこん》』という呼び方は、第5回で申したように適切ではありません。

全体は七つの章からなり、冒頭の『悲しむ人々は幸いである。その人たちは慰められる』の結びの動きは、この曲全体の最後『主に結ばれて死ぬ人は幸いである』に感動をもって再現されます。

重厚かつ晦渋《かいじゅう》な構成のなかに、イブシ銀のように輝く幽玄な趣こそ、この作品の魅力です。ラテン語とドイツ語、カトリックとプロテスタントとの違いはありますものの、祈りの心情に

郵　便　は　が　き

料金受取人払郵便

新宿北局承認

9161

差出有効期間
2025年9月30日まで
(切手不要)

１　６　９-８　７　９　０

１　６　２

東京都新宿区西早稲田２丁目
３の１８の４１

日本キリスト教団出版局
愛読者係行

注文書

裏面に住所・氏名・電話番号をご記入の上、
日本キリスト教団出版局の書籍のご注文にお使いください。
お近くのキリスト教専門書店からお送りいたします。

ご注文の書名	ご注文冊数
	冊
	冊
	冊
	冊
	冊

ご購読ありがとうございました。今後ますますご要望にお応えする書籍を出版したいと存じますので、アンケートにご協力くださいますようお願いいたします。抽選により、クリスマスに本のプレゼントをいたします。

ご購入の本の題名

ご購入の動機　1　書店で見て　2　人にすすめられて　3　図書目録を見て　4　書評（　　　　　）を見て　5　広告（　　　　　）を見て

本書についてのご意見、ご感想、その他をお聞かせください。

ご住所　〒

お電話　（　　　　）

フリガナ
お名前　（年齢）

（ご職業、所属団体、学校、教会など）

電子メールでの新刊案内を希望する方は、メールアドレスをご記入ください。

図書目録のご希望	定期刊行物の見本ご希望
有　・　無	信徒の友・こころの友・他（　　　　　）

このカードの情報は当社およびNCC加盟プロテスタント系出版社のご案内以外には使用いたしません。なお、ご案内がご不要のお客様は下記に◯印をお願いいたします。

・日本キリスト教団出版局からの案内不要
・他のプロテスタント系出版社の案内不要

お買い上げ書店名

市・区・町　　　　書店

いただいたご感想は、お名前・ご住所を除いて一部紹介させていただく場合がございます。

相違があるはずはなく、宗教音楽史のうえで忘れがたい名作のひとつです。

（『家庭の友』二〇〇五年一一月号）

12 クリスマス物語

クリスマスが近づいてきました。最近はそれほど騒がしくなくなりましたが、一時代前の日本ではクリスマスというと、顔を真っ赤に酔っぱらったご機嫌の紳士が、ケーキの箱をぶら下げて『きよしこの夜』を歌いながら、千鳥足で歩く姿をよく見かけたものでした。それでも普段キリスト教に関心をもたない日本人が、年に一度でもキリストの誕生を祝う気持ちになるなら、それはそれでいいことだと思っておりましたが、どうも話はそう簡単ではなかったようです。

その頃たまたまラジオを聴いておりましたところ、若い芸能人たちが「連想ゲーム」をしていました。「クリスマス」という題を出されて、それぞれ「プレゼント」「シャンパン」「パーティ」などと言い合っています。その中で一人だけ気のきいた若者が「キリスト」と言ったとたん、「バカァー、お前、何言ってんだョー」「なんの関係があるんだョー」と一斉にののしられ、当人も自信をなくして「アア、そうか」と引き下がってしまったのです。

なるほど、これが日本の現実かと、わたくしはしばらくのあいだ考えこんでしまいました。クリスマスの聖歌がなり響くのも教会からではなくてデパートですし、一晩たつと突然、それがお正月気分に早変わりしてゆくのも、いかにも日本的なことのようです。

それほど極端ではありませんが、アメリカのクリスマスも商業主義的な匂いが色こく、なにか派手で落ち着きません。

それにたいして、ヨーロッパのクリスマスは地味で静かなものです。たとえばフランスの地方のクリスマスなど、聖夜のミサがひっそりと捧げられ、教会堂から流れでる鐘の音がいかにもそれらしい雰囲気をかもしだします。

とくにわたくしにとって、もっとも好ましいのはドイツのクリスマスです。ドイツ的に質実剛健といってよろしいでしょう、浮かれあがったところがなく、堅実で素朴です。

わたくしが下宿していた家の子どもは、お母さんから「アドベント・カレンダー」を買っていただきました。クリスマスの四週間前にはじまる待降節のための暦で、クリスマスの情景などをデザインしています。随所に日付があり、それをめくるとトナカイやら靴下やらの絵が出てきます。一日一枚ずつめくっていって、最後の二五日に幼子を抱いた聖母マリアの絵が出てくるのです。

その子は、わたくしに得意げに見せてくれました。「もし先を見たかったら開けてもいいよ。でもボクには見せないでね」。

教会前の広場には露店がたち並び、ソーセージをいためる匂いが流れだします。樅《モミ》の大木にチラチラと雪がふりかかり、教会の塔の上ではクリスマス聖歌の金管合奏がはじまっています。あちらこちらの会場でオルガンの夕べやら合唱演奏会が開催され、静かに敬虔に、ドイツのクリスマスが近づいてくるのです。

そうしたドイツのクリスマスに一番かなった音楽作品として、シュッツ作曲の『クリスマス物語』をあげたいと思います。作曲者ハインリッヒ・シュッツ（一五八五〜一六七二年）は、一五八五年に中央ドイツに生まれました。一五八五年といえば、あの大バッハが生まれる、ちょうど一〇〇年前にあたります。偶然の一致かもしれませんが、シュッツはまさにバッハの出現を予言し、バッハが歩く道を用意した音楽家なのです。

その頃のドイツは、まだ音楽の面で発展途上国で、イタリアやフランスなどに大きく水をあけられていました。シュッツはヴェネツィアに留学してイタリア・カトリック音楽を学びとると、自身のドイツ・プロテスタントの信仰と合致させ、ドイツ語によるすぐれた宗教音楽作品をつくりだしてゆきました。

その『クリスマス物語』は、みじかい合唱曲ではじまります。続いてキリスト降誕の有様が聖書の朗唱によって語られ、天使や三人の博士や羊飼いたちの言葉が独唱や合唱によって歌われてゆきます。クリスマス・カードを一枚一枚めくってゆくような気分です。とくに天使からキリストの誕生を告げられた羊飼いたちが「さあ、お誕生のみ子を拝みにゆこう」とゾロゾロ並んで出かけてゆくあたり、まるでディズニーの漫画映画を見ているような楽しさがあります。そうして最後は「さあ、皆で神様に感謝してよろこび歌おう」と、歓喜あふれる合唱で結ばれてゆきます。

ここには派手なジェスチュアやおおげさな訴えは一切ありませんが、それだけにかえって、クリスマスの喜びがじゅんじゅんと伝わってくるのです。是非一度お聴きください。CDではクイケン盤が現役ですが、わたくしとしてはツェベレイかベルニウス指揮（ともに廃盤）をお勧めしたいところです。


（『家庭の友』二〇〇五年一二月号）

13 バッハ作曲『ロ短調ミサ曲』①

ひさしぶりに、ミサ曲のお話をいたします。すでに第3回に記しましたが、念のためのおさらいです。

当「手引き」をお読みの方がたに「ミサ」についての説明は不要と思います。主イエス・キリストの最後の晩餐に起源をもつ「ミサ」聖祭では、いろいろの聖歌が歌われます。その聖歌の中でも、基本的に一年間を通じて同じ言葉が歌われるものが五つあります。

「ミサ」の始まりの「回心」に続いて歌われる『あわれみの賛歌（キリエ）』、神の栄光をたたえて歌う『栄光の賛歌（グローリア）』、キリスト者としての信仰を表明する『信仰宣言（クレド）』、「ミサ」の中核となる「聖変化」の前で歌われる『感謝の賛歌（サンクトゥス）』、聖体拝領の前の『平和の賛歌（アニュス・デイ）』――以上の五つの聖歌です。『感謝の賛歌』を例にとりますと、クリスマスであろうと復活祭であろうと、「聖なるかな、聖なるかな、万軍の神なる主。……」と、その言葉は一年を通じて変わることがありません。

これら五つの聖歌は、どのような機会であれ常に同じ言葉によって歌われるという意味で、「ミサ通常文聖歌」と呼ばれます（ただし『栄光の賛歌〔グローリア〕』のように、クリスマスや復活祭などの前の季節に歌われないことも、例外的にはあります）。

ふつう『ミサ曲』と名づけられるのは、それら五つの「ミサ通常文聖歌」――『あわれみの賛歌』『栄光の賛歌』『信仰宣言』『感謝の賛歌』『平和の賛歌』から構成された音楽作品を意味します。

一方それにたいして、たとえば『答唱詩編（グラドゥアーレ）』や『奉献の歌（オッフェルトリウム）』などのように、特定の機会――たとえばクリスマス、復活祭、キリストの昇天、等々に応じ、それぞれにふさわしい言葉で歌われる聖歌があります。それらは、その日その時によって言葉が変わるという意味で、「ミサ固有文聖歌」と呼ばれます。

歴史的に見てゆきますと、中世の音楽家たちは「ミサ固有文聖歌」の方を多声音楽として作曲しているのですが、しかし、十四世紀、特に十五世紀も半ばすぎますと、現代にいたるまで『ミサ曲』といえば、上記の五つの「ミサ通常文」を多声的に作曲したものを意味するようになります。

以前にご紹介した十六世紀初頭のジョスカン・デ・プレ（一四五〇／五五頃〜一五二一年）作曲の『ミサ・パンジェ・リングァ』も、そのような形による代表的なルネサンス期のポリフォニー『ミサ曲』でありました。

今回は、バッハの『ミサ曲』を聞いてみましょう。ヨハン・セバスティアン・バッハ（一六八五〜一七五〇年）は、十八世紀前半に活躍したドイツ・プロテスタントの音楽家です。「プロテスタントが、どうして『ミサ曲』を作ったの……？」と、不審にお思いの向きもあろうかと存じますが、ドイツ福音教会の創始者マルティン・ルター（一四八三〜一五四六年）は、必ずしもすべてのラテン語典礼文を否定したわけでなく、とくに『あわれみの賛歌（キリエ）』と『栄光の賛歌（グローリア）』は、もとのギリシア語およびラテン語で歌われておりました。

したがって、バッハには今日まで残されている限りでも、『キリエ』と『グローリア』だけによる『ミサ・ブレヴィス（小ミサ曲）』（BWV233〜236）が四曲、さらに何曲かの『サンクトゥス（感謝の賛歌）』（BWV237〜241）などがあります。

なお、括弧《かっこ》の中にBWVと記したのは、バッハの作品番号です。バッハよりも後の作曲家になりますと、たとえばベートーヴェンのように、作品に原則的に出版順にしたがって作品番号を付すようになりますが、生前に作品がほとんど出版されることのなかったバッハの場合、二十世紀の研究家による「バッハ作品目録Bach Werke Verzeichnis」（一九五〇年出版）の番号が用いられています。当然これは作曲年順でも出版順でもなく、曲の種類ごとの分類順です。これによりますと、第４回にお話ししたバッハの『マタイによる受難曲』はＢＷＶ244、『ヨハネによる受難曲』はＢＷＶ245になります。

さて、そのバッハが、四〇歳近くの頃から六四歳の最晩年にかけて、一曲の記念碑的な『ミサ曲』を作曲しているのです。この曲の成立についてはいろいろと出来事があり、その内容に関しても興味深い問題が種々あって、現在でもバッハ学者のあいだで論争の的になっています。次回は、このバッハ作曲『ロ短調ミサ曲』（ＢＷＶ232）について、お話しすることにいたしましょう。

（『家庭の友』二〇〇六年一月号）

14　バッハ作曲『ロ短調ミサ曲』②

前回に続いてバッハのミサ曲についてお話しします。ヨハン・セバスティアン・バッハ（一六八五〜一七五〇年）は、十八世紀前半分に活躍したドイツ・プロテスタントの音楽家です。プロテスタントがどうしてミサ曲を作曲したかとご不審の向きもありましょうが、宗教改革者マルティン・ルターはラテン語典礼文のすべてを否定したわけではなく、当時のプロテスタント教会も『あわれみの賛歌（キリエ）』と『栄光の賛歌（グローリア）』をギリシア語とラテン語で歌っておりました。したがって、バッハは今日まで残されている限りでも『あわれみの賛歌』と『栄光の賛歌』だけによる四曲の『ミサ・ブレヴィス（小ミサ曲）』（BWV233〜236）を作曲しているのです。

そのバッハ四八歳のおり、一七三三年のことですが、今あげた四曲よりはるかに規模が大きく充実した『あわれみの賛歌』と『栄光の賛歌』を書きあげています。

この曲が作られるには、ひとつの動機がありました。バッハというと「音楽の父」とされて、神聖にして侵すべからざる偉大な存在とあがめられていますが、実は彼バッハはよくも悪くも、もっとも人間らしい人間でした。若い頃には血気にはやり、不和の弟子と剣をぬいて大立ち回りを演じたり、仕えていた殿様と気が合わないと「どうしても辞めさせろ」とわめき立てて不服従の罪で牢屋に入れられたり、二〇人もの子どもをかかえて育てあげたり、とにもかくにも、たいへんに人間くさい人間でありました。

それだけに頑固で権利意識がつよく、他人とよく衝突し喧嘩します。当時バッハが教会楽長として着任していたドイツのライプツィヒ市の当局者たちとも折り合いが悪く、事あるごとに対立が絶えません。そこで一策を案じて、この地方最高の権力者であるドレスデンのザクセン侯を味方につけようと目論《もくろ》みました。ザクセン宮廷作曲家の称号さえもらえば、ライプツィヒ市当局者も自分の偉さを認めて頭があがるまいというわけで、カトリックの殿様の意にかなうように『あわれみの賛歌』と『栄光の賛歌』を作曲して献呈したのです。

なにやら俗っぽいお話ですが、それによって不朽の名曲が誕生することになったのですから不思議なものです。もっとも、献呈された殿様のほうでも事情に気づいたのか、宮廷作曲家の称号がおくられたのは後になってからのことでした。

さて、時は移って当のバッハ、そろそろ生涯の終わりを意識するようになった六三歳の頃、ミサの第三章の『信仰宣言（クレド）』を、以前に作曲したいくつかの楽曲の歌詞をかえて転用しながら、まとめ始めました。続く第四章の『感謝の賛歌（サンクトゥス）』には、ライプツィヒに就任したばかりの二五年ほど前に作った音楽を再利用し、これに結びの『ホザンナ』をつけ加えます。さらに最後の『平和の賛歌（アグヌス［アニュス］・デイ）』をまとめあげて六四歳の一七四九年、彼が世を去る一年前に全体を完成させました。

バッハ作曲『ロ短調ミサ曲』（BWV232）は、このような経緯で成立いたしました。彼にとって最後の作品となったこの『ミサ曲』には、バッハのすべてが凝縮されています。いや、バッハひとりではなく、中世からルネサンス、バロックへと歩んだ長いヨーロッパ音楽のすべての技法が動員され、駆使されているのです。それらもろもろの音楽作法が多種多様にとり入れられ、しかもバッハという強烈な個性によって溶解されて、偉大な総合体に結晶しております。

『ミサ曲』の冒頭の「キリエ・エレイソン（主よ、あわれみたまえ）」の絶唱に続き、延々とくり広げられてゆく五声部の壮大なフーガ。『栄光の賛歌』の始まりの「天には神に栄光」の輝かしいコンチェルトふうの長調と、「地には平和」の重厚なフーガの短調との効果的な対比。『信仰宣言』の長大な歌詞の適切な処理、なかでも「聖霊によっておとめマリアより御体をうけ」と「十字架につけられ」の部分の感動にみちた表出力。「サンクトゥス（聖なるかな）」の豪放な六声部合唱と、「ベネディクトゥス（ほむべきかな）」のテノールの美しい独唱。「ホザンナ」の分厚い二重合唱。さらには、結びの「アグヌス（アニュス）・デイ（神の小羊）」のヴァイオリン伴奏にささえられる流麗なアルト独唱。……

どの部分をとってみても、間然《かんぜん》するところのない充実した音楽が展開してゆきます。この『ミサ曲』がカトリックのためのものか、プロテスタント教会のための作品かといった議論は、もはや無意味のように思われます。バッハはカトリックの典礼文によりながらも、あえてそれを部分的に変更してさえいるのです。これこそ、バッハが後世に残したエキュメニカル（全教会的）で普遍的な音楽的文化遺産ということでありましょう。ぜひともご一聴をおすすめいたします。わたくしはカール・リヒター指揮の演奏盤を、まず第一に推します。

（『家庭の友』二〇〇六年二月号）

15　古典派のミサ曲

前回のバッハ作曲『ロ短調ミサ曲』に続いて、古典派の「ミサ曲」のお話をいたしましょう。バッハが世を去った十八世紀の中頃から、音楽のスタイルは大きく移りかわるようになります。複雑なポリフォニーの作曲法はすたれ、代わって、明確で簡潔なホモフォニーの音楽が愛好されました。イタリアふう、あるいはオペラふうといってもよいのですが、耳にこころよい流麗で甘美なメロディが優位をしめ、イタリア・オペラが全ヨーロッパの町々に迎えいれられ、イタリア人音楽家が我がもの顔に横行するようになったのです。

この風潮の中で、ドイツやオーストリア、なかでもとくにハプスブルク皇帝のお膝元であったウィーンの町では、一方ではイタリア・オペラを受けいれながらも、一方では構成のしっかりした音楽的密度の濃い器楽音楽を作りだす機運がたかまりました。たとえばシンフォニー（交響曲）や弦楽四重奏曲、ピアノ・ソナタといった器楽作品が、音楽を聴く耳をもった貴族や富裕な市民たちに歓迎されます。その反面、当時の啓蒙思想、人間中心の世界観の影響から、宗教音楽はやや退潮をみせはじめました。ミサ曲の中でさえオペラのアリアのような甘美なメロディが歌われたり、この後の章で詳しくお話しする「オラトリオ」という名の劇的な宗教音楽などが、好まれるようになったのです。

ハイドン、モーツァルト、ベートーヴェンといった古典派の作曲家たちも、このような傾向の宗教音楽作品をすくなからず残しています。

「交響曲と弦楽四重奏曲の父」とたたえられるフランツ・ヨーゼフ・ハイドン（一七三二〜一八〇九年）には、大規模なオーケストラ伴奏つきミサ曲、そうして二曲の名オラトリオがあります。

また、わずか三五歳の若さで世を去ったヴォルフガング・アマデウス・モーツァルト（一七五六〜一七九一年）にも、一〇曲にあまるミサ曲、モテトゥス、聖母マリア賛歌などの宗教作品が見いだされます。とくに『戴冠《たいかん》』と呼ばれる『ハ長調ミサ曲』（一七七九年、K・317）、未完成の『ハ短調ミサ曲』（一七八三年、K・427）は、この音楽家の傑作のひとつとして数えあげられるべき内容をそなえております。

たいへん興味ふかい事実ですが、『戴冠ミサ曲』の結びの『アニュス・デイ（平和の賛歌）』

では、彼モーツァルトによるオペラ『フィガロの結婚』(一七八六年、K・492)の第三幕で伯爵夫人が夫の浮気心を嘆くアリア『楽しい思い出はどこへ』とほぼ同じメロディが歌われます。モーツァルトにとって、ミサ曲とオペラ、聖と俗とは同一のものであったということでしょうか。それにしても、あの無垢《むく》な純粋さはいったい何処からくるのでしょう。この天才音楽家の存在自体、神様が人類におくられた奇跡ではないかと考えざるをえなくなります。

モテトゥス『エクスルターテ・ユビラーテ(おどれ、喜べ)』(一七七三年、K・165)の最終章の歓喜にわきかえる『アレルヤ』、死の年に作られた静謐《せいひつ》透明な『アヴェ・ヴェルム・コルプス(まことのご聖体)』(一七九一年、K・618)などは、どなたも一度は耳にしておられるはずです。『レクイエム(死者のためのミサ曲)』(一七九一年、K・626)については、すでに本稿第7回でお話ししました。

さて、このふたりの大先輩に続いて登場するルードヴィヒ・ヴァン・ベートーヴェン(一七七〇〜一八二七年)作曲のニ長調『荘厳ミサ曲』(一八二三年、作品123)は、とくに注目すべき異色の宗教音楽です。

ベートーヴェンのパトロンで、お弟子さんでもあったルードルフ大公が、オルミュッツ(オロモウツ、現在チェコ領)という町の大司教に任ぜられることになりました。皇帝の弟宮にあたる大公は温厚な人柄で、気性がはげしくトラブルをおこしやすいベートーヴェンを何くれとなく庇護《ひご》し、ベートーヴェンの側でも、この皇族だけにはふかい友愛の情をいだいておりました。

その大公の叙階式のためにミサ曲を捧げようというわけで、ベートーヴェン四八歳の一八一八年頃から、古今のミサ作品の研究をはじめました。ところが、凝《こ》りに凝って作曲しているうちに五年の年月を要してしまい、とうとう叙階式には間にあわなかったという逸話があります。

四人の独唱者、大規模な合唱とオーケストラのための作品で、器楽的な発想につよく律されれ、人間の声にも楽器のような動きが要求されて、「声による交響曲」といった形態をとります。異常なまでに規模が大きく、ほぼ一時間半ほども要して、とても教会における典礼にかなう音楽ではありません。はじめは大公の叙階式をめざしたものが、やがて、ひとつの芸術音楽として自分の納得できる作品に完成しようという意欲が優先したのです。

ここでは、作曲者ベートーヴェン自身が祭儀の祭司となって、神と人間にたいする賛歌をたからかに歌いあげます。彼がこのミサ曲の楽譜に書きしるした「心より出ず、ふたたび心にかえらんことを」という言葉は、「すべての人びとがふれ合い結び合い、人の心と心とが共感し合う音楽であるように」といった意味でありましょう。

もし個人的な好みを記すことをお許しいただけるのなら、わたくしはベートーヴェンの声楽作品には、このミサ曲やオラトリオ『オリーブ山のキリスト』(一八〇三年、作品85)、さらに彼唯一のオペラ『フィデリオ』(一八〇五年、作品72)などをふくめて、深い畏敬《いけい》の念をいだきはするものの、常に聴いていたい音楽とは申しかねます。構えが大きすぎ、それに反比例して内面的な充実感が希薄になる瞬間があるからです。

さらに申しますと、有名な『第九交響曲』(一八二四年、作品125)の第四楽章でさえも、わたくしはこの作品の他の楽章ほどの内面的かつ音楽的な深みを感じとることができません。むしろ、同じ交響曲の第三楽章や、比較的小規模なハ長調『ミサ曲』(一八〇七年、作品86)に聴きいりたい気持ちです。

しかし、そうは言っても『荘厳ミサ曲』の「サンクトゥス」から「ベネディクトゥス」への移り変わりの部分など、やはり、この巨匠ならではの訴えと感動が蔵されているのも確かです。宗教音楽の歴史の上でも、ベートーヴェンが異色の存在であることを否定できないようであります。

(『家庭の友』二〇〇六年三月号)

16 『マニフィカト』と『スターバト・マーテル』

たしか第12回だったかと思いますが、ドイツの音楽家シュッツ作曲『クリスマス物語』についてお話ししました。この作品のように主イエス・キリストのご生誕の物語というと、どうしてもルカによる福音書の記述が中心になるようです。

「その地方で羊飼いたちが野宿をしながら、夜通し羊の群れの番をしていた。……」（二章八節）。この一句を読んだだけで、もう情景が目の前に見えてくるようなリアリティが感じとれます。

さらにその前の章にも、感動的な情景が記されていました。イエスを胎内に宿されたマリアが山里に向かい、親類のエリサベトを訪問される場面です。エリサベトの祝福をうけたマリアは、神をたたえて語りだされました。「わたしの魂は主をあがめ、わたしの霊は救い主である神を喜びたたえます。……」（一章四六～四七節）。

美しく感動的で、音楽的とさえいってよいお言葉です。聖霊にみたされたマリアは、このお言葉をただ語るのではなく、おそらく声たかく歌われたのではないでしょうか。

これを音楽家が見のがすはずはありません。中世の昔から『マリアの賛歌（カンティクム）』として、ラテン語によって「マニフィカト Magnificat」と歌い継いできました。とくに「晩課（ヴェスペレ）」（晩の祈り）のおりには、いくつかの詩編の結びに朗唱されて、ひとつのクライマックスを形づくっているのです。

その名曲として、十七世紀のはじめに作られた『聖母マリアのための晩課』をあげましょう。作曲者クラウディオ・モンテヴェルディ（一五六七～一六四三年）は、ルネサンスの末からバロック時代のはじめにかけて活躍したイタリアの音楽家です。水の都ヴェネツィアのこの聖マルコ大聖堂楽長が一六一〇年に出版した『聖母マリアのための晩課』は、はなばなしくも輝かしい序奏で開始され、五つの「詩編（プサルムス）」、「賛歌（イムヌス）」などが歌われてゆきますが、とくに、結びの『マニフィカト』が聞きものです。

七声と楽器群による曲と、六声の曲と、二通りの『マニフィカト』があって、どちらもひろい空間のなかに異常な迫力をもって劇的になり響きます。この作品を契機に、音楽史はルネサンスからバロックへと大きく転換していったと言いきって差し支えありません。

さらに、そのバロックの音楽を大成したバッハ（一六八五〜一七五〇年）も、『マニフィカト』（BWV243）を作曲しています。以前にも申しましたように、ドイツのプロテスタント教会はラテン語典礼文のすべてを拒否したわけではなく、クリスマスや復活祭などの大祝日のおりには『マニフィカト』がラテン語ではなやかに歌われておりました。

彼バッハがライプツィヒの聖トマス教会楽長として着任した一七二三年の変ホ長調と、その五年か八年後に改作されたニ長調との、二通りの形があります。冒頭の「マニフィカト」の歓喜にみちた大合唱を聴いただけで、もうバッハ特有の壮大な音楽の世界にのみ込まれてしまいます。その故でもありましょうか、この作品をバッハの最大傑作と評価する人も少なくないようです。なおドイツ語圏では、これを「マグニフィカト」と発音することを念のために付記しておきます。

もう一つ。『マニフィカト』の明るくて輝かしい音楽とはまったく対照的な、悲しみのマリアの音楽をご紹介しましょう。十字架にかかったわが子を悲しみのまなざしで見守る聖母の姿を歌った『スターバト・マーテル Stabat Mater』です。

「悲しめる母は涙にむせびて、御子の懸《かか》りたまえる十字架のもとに佇《たたず》めり。嘆き憂い悲しめるその御霊魂《おんたましい》は、鋭き刃《やいば》もて貫かれたり。……」。すこし古い訳文ですが、雰囲気は十分に伝わります。ただし悲しむだけには終わらず、勝利の確信をこめてキリストと聖母にたいする祈りに結ばれてゆくのが、肝心なところです。

ルネサンス期の多くの音楽家たちによって多声的に作曲されてきたこの「続唱（セクエンツィア）」の中でも、十八世紀イタリアのオペラ作曲家ジョヴァンニ・バッティスタ・ペルゴレージ（一七一〇～一七三六年）が死の年に作曲したソプラノとアルトのための二重唱曲は、わが国でもひろく愛唱されている流麗《りゅうれい》な音楽です。さらにハイドン、ロッシーニ、シューベルト、プーランクらの作品に加えて、『新世界交響曲』の作曲家であるチェコのアントニン・ドヴォルジャーク（一八四一～一九〇四年）による管弦楽付きのかなり大規模な『スターバト・マーテル』（作品58）があります。これらの作品のいくつかの章も、わが国のアマチュア合唱団によって、歌い親しまれております。

以上にあげた諸作品には、それぞれすぐれたＣＤが発売されていますので、是非ともご一聴ください。

（『家庭の友』二〇〇六年四月号）

17 モテトゥス

「ミサ曲」「マニフィカト」「スターバト・マーテル」などと、宗教音楽のいろいろなジャンルについてお話ししてきました。今回は「モテトゥス」です。

ラテン語で「モテトゥス」、英語とイタリア語で「モテット」、ドイツ語で「モテッテ」、フランス語で「モテ」と呼ばれるこの音楽ほど、説明しにくいものはありません。時代によって、地域によって、作曲者によって、意味する音楽の内容がまるで違って、すべてに共通する定義を下せないからです。

十三世紀の頃フランスで始められた「モテトゥス」は、十五、十六世紀のルネサンス時代になりますと、ミサ通常文（第3回にお話ししました）以外のカトリック教会ラテン語典礼文を歌詞にしたポリフォニー楽曲を意味していました。

たとえばフランドル出身のジョスカン・デ・プレ（一四五〇／五五頃〜一五二一年）の『アヴ

エ・マリア』、イタリアのジョヴァンニ・ピエルルイジ・ダ・パレストリーナ（一五二五頃～一五九四年）の『谷川したいて（シクト・チェルヴス）』や『マリアは天に昇られた（アスムプタ・エスト・マリア）』、スペインのトマス・ルイス・デ・ビクトリア（一五四八頃～一六一一年）の『アヴェ・マリア』や『おお、大いなる神秘（オ・マニュス・ミステリウム）』などが、ルネサンス期の典型的なモテトゥス作品です。

それらのモテトゥスでは、まず、あるパート（声部）――たとえばソプラノが、ある歌詞の最初の一句をそれにふさわしいメロディで歌いはじめます。すぐに、他のパート――たとえばテノールがその歌詞とメロディを真似し模倣します。さらにアルトが、バスがといったように、各パートが模倣に加わり、それが一段落しますと、また歌詞の次の句がそれにふさわしいメロディで歌われて各パートに模倣されてゆきます。このように楽曲全体を一貫して模倣によって構成してゆく「通模倣様式」が、ルネサンス期の「モテトゥス」の特徴でありました。

ここにあげたいくつかの名作を、ぜひお聴きください。できれば聴くだけでなく、合唱団に加わってご自身で歌っていただきたいものです。どのパートにもメロディが均等に配分されていて、歌うよろこびを存分に味わうことができるからです。

さて、そのような「モテトゥス」も十七、十八世紀のバロック時代にはいりますと、次第に変容してゆきます。ラテン語ではなくそれぞれの国の言葉によったり、独唱が加わって合唱とかけ合いしたり、楽器独自の動きによる伴奏がつけられたり、まるでオペラのように流麗なメロディが歌われたりする作品が好まれるようになりました。

あのセバスティアン・バッハ（一六八五〜一七五〇年）は、六曲のモテッテを作曲しています。葬儀などのためのドイツ語による宗教的な歌詞が、合唱で歌われる作品です。無伴奏（ア・カペラ）の形をとりますが、声楽の動きを楽器がなぞって伴奏することもあったようです。とくに『イエス、わがよろこび』（BWV227）は、聖書の句とコラール（ドイツ・プロテスタント教会の賛美歌）が交互に織りあわされて、神への賛美をたからかに歌いあげています。

また今年に生誕二五〇年を記念されているヴォルフガング・アマデウス・モーツァルト（一七五六〜一七九一年）には『アヴェ・ヴェルム・コルプス（まことのご聖体）』（K・618）という、オーケストラ伴奏つきの合唱がラテン語で歌われる名モテトゥスがあります。一七九一年、三五歳の若さで彼が世を去った年の作品ですが、六か月後にせまる「死」を意識させない純粋透明な音楽に仕上げられています。この一曲だけとっても、音楽による偉大な奇跡と呼んでよいでしょう。

さらに、メンデルスゾーン、リスト、ブラームスたちにも、それぞれすぐれたモテトゥス作品がみられます。

なお、イギリスの英国教会、聖公会では、このモテトゥスに似た英語による宗教曲を「アンセム」と呼んでいます。合唱による「フル・アンセム」と、独唱をまじえる「ヴァース・アンセム」に分類するのも、いかにもイギリスらしい習慣です。ルネサンス期のウィリアム・バード（一五四三～一六二三年）、バロック期のヘンリー・パーセル（一六五九頃～一六九五年）、そうしてあのフリードリッヒ・ヘンデル（一六八五～一七五九年）たちが、注目すべきアンセム作品を残しているのです。

ついでながら、わが国では時おりモテトゥスを「経文歌《きょうもんか》」と訳しますが、仏教用語との混交は好ましいことではありません。

（『家庭の友』二〇〇六年五月号）

18　コラール、詩編歌、賛美歌

今回はプロテスタント教会の聖歌や賛美歌についてお話しします。カトリック教会とプロテスタント教会との相違を神学的な面から説明することは当「手引き」の趣意ではありませんし、わたくしにはその資格も造詣もありません。ただ音楽的な面から言いますと、プロテスタント教会では「万人司祭」の立場から、すべての人びとが声をあげて平等に神を賛美し歌うのが望ましいとされます。

最近、第二ヴァチカン公会議以後のカトリック教会も同様に、すべての人びとが一緒に歌うことが奨励されておりますが、実はそれ以前には事情は多少異なっておりました。

かつてカトリック教会では、専門的な訓練をうけた聖歌隊がラテン語による美しい典礼音楽を歌い、一般の信徒はそれに傾聴するのが普通とされていました。つまり、聖歌隊が一般信徒の祈りをラテン語聖歌によって代弁していたのです。そのためにカトリック教会から音楽的に密度の濃い、内容のすぐれた教会音楽作品が多数生みだされることになりましたものの、反面、ラテン語を十分理解できない一般信徒が受け身の立場におかれていたことも否めません。

そのようなわけで、ドイツ福音教会の創始者であったマルティン・ルター（一四八三～一五四六年）以来、プロテスタント教会はそれぞれの国の言葉によって、すべての人が賛美の声をあげて歌う音楽を一貫して育成し続けました。

当然その音楽は、誰でも歌えるように平易で簡潔なものでなくてはなりません。この要請にしたがって、ドイツ福音教会では「コラール」と呼ばれる、有節形式（同じメロディを、歌詞をかえて複数回くりかえし歌う形）によるドイツ語の聖歌が歌われるようになりました。

ルター自身もグレゴリオ聖歌や古い宗教民謡、時には恋の世俗歌曲などのメロディを借りて、『神はわが砦《とりで》（アイン・フェステ・ブルク）』（日本キリスト教団出版局『讃美歌21』377）『天のかなたから（フォン・ヒンメル・ホッホ）』（同246）といったコラールを作詞作曲したのです。プロテスタント圏のドイツでは、クリスマスというと、まずこの246番が第一に歌われます。

はじめコラールは、わずか一本のごく短いメロディで歌われる単純なものでしたが、やがてハーモニーをつけ、さらに複雑な対旋律や器楽伴奏を付した作品が現れるようになりました。カトリック教会がグレゴリオ聖歌を核にその典礼音楽作品を作りあげたのと同様に、ドイツ福

377　神はわが砦　Ein《アイン》 feste《フェステ》 Burg《ブルク》

1 か み は　わ が と ー り　で　わ　が つ よ き　た ー　て、
2 う ち か　つ ち か ー ら　は　わ　れ ら に は　な ー　し。
す べ て　の な や ー み　を　と　き は な ち　た ー　もう。
ち か ら　あ る ひ ー と　を　か　み は た て　た ー　もう。
あ し き ー も　の　お　ご り た　ち、よ　こ し ま　な
そ の ひ ー と　は　主　キ リ ス　ト、万　軍 の き　み、
く　わ だ て も　て　い　く さ を い　ど ー　む。
わ　れ と と も　に　た　た か う 主　な ー　り。

246　天のかなたから　Vom《フォン》 Himmel《ヒンメル》 hoch《ホッホ》

1 て ん の か な た か ら　は る ば る き ま し た、
2 マ リ ア を は は と し、　ま ぶ ね に ま ど ろ む
3 い ま こ そ せ か い の　つ み を す く う た め、
4 よ う こ そ イェ ス さ ま、　お は い り く だ さ い。
5 な に を さ さ げ ま しょう、　あ い す る 主 イェ ス に。
う れ し い し ら せ を　つ た え る た め ー で す。
お さ な ご イェ ス こ そ　み か み の ひ と ー り ご。
こ こ に あ ら わ れ た　み か み の あ わ ー れ み。
わ た し の ま ず し い　こ こ ろ の へ や ー に も。
ち い さ な い の り か　よ ろ こ び の う ー た か。

＊楽譜は『讃美歌 21』日本キリスト教団出版局発行より

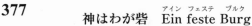

音教会はコラールを軸に独自の教会音楽を展開していったのです。あの大バッハこと、ヨハン・セバスティアン・バッハ（一六八五〜一七五〇年）の宗教作品にしても、そのほとんどがオルガン曲を含めて、コラールを基礎に構成されております。

それと平行して、同じ十六世紀にフランスのジャン・カルヴァン（一五〇九〜一五六四年）によって創始された改革派教会も、フランス語による独自の宗教音楽を作りだしました。ただしこの教会は、壮大なオルガンや華美な音楽を嫌い、教会の礼拝では聖書の詩編による母国語の歌詞を簡潔なスタイルで歌う「詩編歌（プソーム）」だけを容認していましたため、ドイツ福音教会のような豊穣な音楽の展開を期待できなかった面があります。

また一方、同じこの世紀の頃に、イギリスではじめられた英国教会（聖公会）や非国教会諸派も、英語による有節形式の聖歌を多数生みだしています。

これらのコラールや聖歌などは、カトリック系のものも含め、新大陸のアメリカやカナダのプロテスタントたちによっても愛唱され、多数の「賛美歌（ヒム）」が成立しました。

さらにそれら欧米の賛美歌は、明治開国以来のわが国のプロテスタント教会に受けいれられ、日本語に翻訳されてひろく歌い親しまれました。

ドイツに由来する『今こそ声あげ（イン・ドゥルチ・ユビロ）』（247）『エッサイの根より（エス・

247 今こそ声あげ In《イン》 dulci《ドゥルチ》 jubilo《ユビロ》

1 いまこそこえあげ、よろこんでうたえ。
2 いとたかきかみのみ子をほめうたえ。
3 まことにおおきなみちちのめぐみよ。
4 よろこびのうたはてんになりひびく。
みどりごイェスはまずしいまぶねに
めぐみあふれるおさなご主イェスは
つみにまみれたわれらをあわれみ
みつかいたちもせいとたちもみな
あさひのようにあかるくかがやく。
なげきかなしむわれらをなぐさめ
み子をつかわしえいえんのくにへ
うたうさんびにわれらもこえあげ
アルファ、オメガ、えいえんの主ー。
主のみくにをしめされるー。
みちびかれる、かみのあいー。
とこしえまでほめうたおうー。

24 たたえよ、主の民 Or《オール》 sus《シュス》

たたえよ、主のたみ、みつかいとともに、
めぐみにあふれるちち·子·せいれいを。

218 日暮れてやみはせまり　Abide《アバイド》 with《ウィズ》 me《ミー》

イスト・アイン・ロズ）』（248）、オーストリアに由来する『きよしこの夜（シュティレ・ナハト）』（264）、フランス改革派系の『たたえよ、主の民（オール・シュス）』（24）、イギリスに由来する『日暮れてやみはせまり（アバイド・ウィズ・ミー）』（218）『聖なる聖なる（ホーリィ・ホーリィ）』（351）、アメリカ由来の『主よ、みもとに（ニィヤラー・マイ・ゴッド）』（434）『山路こえて（ゴールデン・ヒル）』（466）『いつくしみ深い（フワァット・ア・フレンド）』（493）などは、キリスト教の信仰をもたない人びとによっても口ずさまれ、日本の歌そのものになっています。

「賛美歌」は、この国の欧米音楽の受容に決定的な役割をはたし、学校唱歌の成立にも大きな影響をおよぼしました。岡野貞一《ていいち》（『故郷《ふるさと》』『朧月夜《おぼろ》』の作曲者）、山田耕筰《こうさく》、信時潔《のぶときよし》、大中寅二《とらじ》（『椰子《やし》の実』の作曲者）などといったわが国における洋楽の開拓者たちは、賛美歌によって音楽に開眼し、この国独自の音楽作品を生みだしていった人びとであったのです。

（『家庭の友』二〇〇六年六月号）

19 バッハ作曲 教会カンタータ

ドイツのプロテスタント音楽家であった大バッハこと、ヨハン・セバスティアン・バッハ（一六八五〜一七五〇年）の音楽作品には、教会カンタータが数多く見いだされます。とくに一七二三年、彼三八歳のおりに就任したライプツィヒ市聖トマス教会楽長（カントル）の職務のひとつは、毎週毎週、日曜日の礼拝のためのカンタータを作曲し、演奏することでした。そのような状況から、バッハは以前作った作品とあわせて、二〇〇曲にあまる教会カンタータを生みだしました。失われた曲をふくめると、三〇〇曲以上も作曲されたのではないかと見られております。

当時、ドイツのルター派教会の礼拝は、聖書の朗読や祈願、牧師の説教など、それにカンタータやオルガンの演奏が加わって、ほぼ三時間もする長いものでした。カンタータ演奏だけでも二〇分から三〇分もかかります。現代人の感覚からしますと「なんと気の長い」と思われましょうが、レコードもラジオもテレビもなく、新聞や書籍も必ずしもひろくゆき渡っていなかった時代のことです。平素のきびしい仕事から解放されて、聖書の朗説と説教を通してキリストの教えを知り、また、ふだん耳にすることがない壮麗な音楽に聴きいる機会は、日曜日の教会の礼拝をおいて他にありませんでした。

クリスマスならクリスマス礼拝、復活祭なら復活祭礼拝と、それぞれの日にふさわしい聖書の箇所が朗読され、それについて牧師が説教します。その後、関連する歌詞によるカンタータが演奏されて、その日の礼拝の意味が音楽によって注解され強調されることになります。バッハのカンタータとは、そのように、それぞれ特定の日の礼拝にむすびついて、「音楽による説教」の役割をはたすものであったのです。

こうしたバッハの教会カンタータのあり様《よう》を理解していただくために、実例として、三位一体節後第二七週（カトリック教会では年間第三二主日A年）の礼拝に歌われたカンタータ作品第140番『起きよと呼ぶ声』（BWV140）を聴きましょう。

この日の礼拝には、マタイによる福音書二五章「十人のおとめのたとえ」が朗読されます。牧師はこのたとえ話の意味を、近づきつつあるクリスマスと結びつけて「目をさまして、キリストの到来を待ちましょう」と説教し、それに続き、バッハのカンタータが演奏されることになります。

歌詞は当然、このたとえ話によります。まず、花婿であるキリストの到来を告げる「〃起きよ〃と呼ばわる声に、目をさませよ」という言葉にはじまり、それにたいして、キリストを待ち望む信徒を花嫁にたとえて、「いざ、ともし火たかく掲げて、花婿を迎えいれよう」と歌ってゆくのです。

音楽の展開の中心軸になるのは、前回お話ししたドイツ・プロテスタント教会の賛美歌、「コラール」です。十六世紀に作られたコラール『起きよと呼ぶ声（ヴァヘト・アウフ）』（日本キリスト教団出版局『讃美歌21』230）の調べをバッハは縦横無尽に活用して、この重量感あるカンタータを作りあげました。

全部で七つの楽章から構成されます。まず、第一曲は壮大な合唱曲。オーケストラがはずむような付点リズムで「キリストの到来への期待とよろこび」を表現し、その上に、ソプラノ声部が「コラール」を長く引きのばして歌いはじめます。それにたいして下の三つの声部……アルト、テノール、バスは、短いモティーフを互いに模倣し合ってソプラノを支え、強靱《きょうじん》な音の織物を構築してゆきます。まさにバッハのみが作りえた、ゴシックの聖堂にもたとえるべき堅《けん》牢《ろう》な音楽です。

230 「起きよ」と呼ぶ声 Wachet《ヴァヘト》 auf《アウフ》

1「おきよ」とよぶこーえ、「めざめよ、エルサレム」。
2 めざめしおとめーら よろこびてそなえぬ、
3「グロリア」とたたえーよ、みつかいらとともに、
ものみらさけびて、やみよをつらぬーき、
ものみらのこえに。さかえにかがやーく
たてごとかなでて。主のみざめぐりーて
ひびきわたるこえよ。「そなえよ、おとめら」。
はなむこなる主イェス いまこそきましぬ。
つどうせいとたちと うたごえあわせて。
いざ、ともしびたかくかかげハレルヤ。
ひととなりしかみのみ子よ、ホーサナ。
いまだしらぬこのよろこび、ハレルヤ。
はなむこむかえよ、いわいのうたげに。
せいなるうたげによろこびあずからん。
われらもうたもてほめたたえよ、アーメン。

＊楽譜は『讃美歌 21』日本キリスト教団出版局発行より

次の第二曲は、「歌う」というよりも「語る」といった調子のレチタティーヴォ（叙唱）になり、さらに第三曲で独唱者たちによる二重唱にヴァイオリンが美しくからみつきます。続く第四曲が聞きものです。弦楽合奏の流麗な伴奏にのって、コラール『起きよと呼ぶ声』が堂々と歌われます。バッハ自身によってオルガン用にも編曲された名コラールです。

さらに第五曲と第六曲として、レチタティーヴォと二重唱が歌われます。オーボエ伴奏が付されるソプラノとバスとの二重唱では、花婿と花嫁、つまりキリストと信徒との対話がかわされます。

さて、最後の第七曲でコラール『起きよと呼ぶ声』が、単純な合唱のかたちで力強く歌われます。おそらく一般の会衆も、ここで感動の声をあげて唱和したことでしょう。

バッハの教会カンタータは、このように「コラール」を核にして、教会におけるその日その日の礼拝の意味を強調する「音楽による説教」であったのです。

第140番以外にも、第1番、第4番、第78番、第80番、第106番、第147番など、機会があったら是非傾聴していただきたい名カンタータです。

もちろん「カンタータ」というジャンルは、バッハひとりによって創始されたものではありません。イタリア語の「カンターレ（歌う）」に由来して十七世紀イタリアで開発され、誕生日や結婚式のための「世俗カンタータ」なども存在しました。しかし、それを「教会カンタータ」として大成し完成したのは、間違いなくバッハその人であったのです。

（『家庭の友』二〇〇六年七月号）

20 オラトリオ①

今回から、オラトリオのお話に移ります。

「オラトリオ」とは、もともとは教会内の「祈祷室」を意味しました。十六世紀の終わり頃プロテスタントによる宗教改革に対抗して、ローマのカトリック教会で民衆教化のための集会がおこなわれるようになりました。その集会が「祈祷室」で開催されたため、「オラトリオの集い」と呼ばれたのです。

そこでは当然、カトリックの信仰を確認するための説教や聖書の朗読などが中心になりますが、それとともに、信仰をはげますためにイタリア語による宗教声楽曲が演奏されました。はじめは単純な構成の音楽であったものが、次第次第に複雑になり、さらにはお芝居の要素をとりいれるようになります。とくに一六〇〇年にローマのある教会の「オラトリオの集い」で、エミリオ・デ・カヴァリエーリ（一五五〇頃～一六〇二年）という音楽家による『霊と肉の劇』

が上演されています。

この題名からも想像できるように「霊魂」「肉体」「天国」「時間」などといった寓意的な人物が衣装をつけて登場し、信仰の勧めをおこなう劇です。独唱、合唱、器楽伴奏、さらには舞踏まで加えて、一種のオペラのような形をとりました。

実は、オペラとオラトリオとは、同じ年生まれの双子の兄弟でした。今日残されているかぎり最古のオペラ作品、ヤコポ・ペーリ（一五六一〜一六三三年）作曲の『エウリディーチェ』は、同じ年の一六〇〇年にフィレンツェの宮廷で上演されているのです。

お芝居と音楽と舞踏から構成されるという点で、オペラとオラトリオとは同じ年生まれの姿《すがた》形《かたち》そっくりの双子であったのでした。ただし両者の相違は、一方が恋愛など世俗的な物語によって演じられるのにたいして、一方は宗教的な内容によることでした。

その後、十七世紀から十八世紀にかけてオペラとオラトリオの双子は、異常といってよいほどの繁栄をみせました。とくにローマの町では、教皇のお膝もとの故にオペラは忌避《きひ》され、代わってオラトリオがさかんに作曲され上演されておりました。

この時期になりますと、オラトリオは劇的な演出をやめて、音楽のみを聞かせるだけ、いわゆる「演奏会形式」をとるようになります。つまり舞台装置や衣装などは一切もちいずに、純粋に音楽だけに聞きいるものになったのです。

宗教的な物語は、オペラのように「耳で聞いて目でも見る」よりも、「耳で聞くだけ」の方が内面への訴えがつよく、感動がより強化され深化されます。それに、オペラですと《ロメオとジュリエット》や《ハムレットとオフェリア》というように一組ないし二組の男女を軸に物語が展開しますから、どうしても独唱ないし重唱が中心になりますが、人類全体の運命にかかわるオラトリオでは、個人の物語であっても合唱がより重要な役割をはたし、その訴えはより強烈に感動的になります。

こうした十七世紀後半のオラトリオの中では、ジャコモ・カリッシミ（一六〇五〜一六七四年）作曲の『エフタ』が注目されます。旧約聖書士師記に登場するユダヤの将軍エフタは、苦戦のおり「もし勝利をあたえてくだされば、凱旋《がいせん》した私を戸口から迎えに出た者を犠牲に捧げます」と神様に誓います。その効あって大勝利をえて帰ったエフタを、鼓《つづみ》を打ちならし踊りながら迎えに出たのは、なんと最愛の一人娘でした。やむなく娘を犠牲にせざるをえなくなった悲劇を、エフタと娘の役の歌手、「テスト」（「テキスト」に相当するイタリア語）つまり聖書の言葉を朗唱する役の歌手、それに合唱が歌います。なかでも娘の運命を嘆く結びの合唱が、たいへんに感動的です。カリッシミのオラトリオには現役のＣＤがありますので、是非お聴きいただきたいものです。

さて、やがてオラトリオはイタリアのみならず、フランス、ドイツ、イギリスなどでも愛好され、人びとの信仰をはげますのに役だちました。その中で、オラトリオの展開に決定的な役割をはたしたのが、ゲオルク・フリードリッヒ・ヘンデル（一六八五～一七五九年）です。

バッハと同じ年に同じドイツに生まれたヘンデルは、オペラにふかい関心をいだきました。若い頃イタリアに留学して本場のオペラ書法を身につけると、イギリスに渡って、ロンドンの地でオペラを上演する事業を開始します。

ところが、イギリスの人びとの好みに必ずしも合致せず、さらに王侯貴族間のトラブルや同業者たちの妨害にあい、破産にまで追い込まれてしまいました。ここでオペラに見切りをつけたヘンデルは、決然とオラトリオの創作に立ち向かうことになりました。オラトリオの大作『メサイア（救世主）』誕生の契機であります。

（『家庭の友』二〇〇六年八月号）

21 オラトリオ②

前回に続いて、「オラトリオ」のお話です。時は十八世紀の中頃。ドイツ出身のゲオルク・フリードリッヒ・ヘンデル（一六八五～一七五九年）は、イギリスのロンドンに移って、この地でオペラを上演をする事業を開始しました。しかし、イギリスの人びとの好みにオペラは必ずしも合致せず、さらに王侯貴族間のトラブルや同業者たちの妨害にあって、破産に追い込まれてしまいます。オペラに見切りをつけたヘンデルは、決然とオラトリオの創作に立ち向かうことになりました。

『デボラ』（一七三三年）、『アレクザンダーの饗宴《きょうえん》』（一七三六年）、『サウル』（一七三九年）、とくに『エジプトのイスラエル人』（一七三九年）などを次々と発表して好評をはくすると、一七四一年、五六歳のヘンデルは『メサイア（救世主）』の作曲にとりかかりました。

その契機となったのは、アイルランド総督の依頼で、ダブリンの町で慈善音楽会を開催して新しいオラトリオを演奏するためです。ヘンデルは、この作品を四一年の八月二二日から九月一四日にかけて、わずか二四日間で作曲してしまいました。楽想の流れがあまりにも速くてペンも追いつかず、しばしば楽譜に略記号を使わなくてはならないほどでした。夜を徹して作曲し続けるヘンデルの書斎に朝のコーヒーを届けた使用人は、キリストが十字架にかけられるアリア『主は世の人に侮《あなど》られ』を涙を流しながら作曲している姿を見たと伝えられています。

翌一七四二年、ダブリンで『メサイア』を初演して大成功をかちえました。演奏会には「殿方は剣、ご婦人はフープ（スカートをまるく広げる腰枠）の着用をご遠慮いただきたい」と告知されました。それでも収容人員六〇〇人のホールに七〇〇人が入場し、数百人が外にあふれたということです。収益金はすべて、慈善病院や囚人救済会などに寄付されました。

これ以後、ヘンデルはオペラを完全に捨て、オラトリオの創作と演奏に集中します。『サムソン』（一七四三年）、『ヨシュア』（一七四八年）、『ソロモン』（一七四九年）、『エフタ』（一七五二年）などの大作が、次から次へと発表されて好評をはくしました。なかでも一七四七年に初演された『ユダス・マカベウス』の凱旋の合唱『見よ、勇者は帰る』は、わが国でも表彰式のおりなどに演奏されています。

晩年のヘンデルは失明という不運がおそいましたものの、屈することなく『メサイア』慈善音楽会の指揮をとり続けました。もっとも指揮といっても、この当時は指揮棒を持って振るのではなく、オルガンあるいはチェンバロを弾いてアンサンブルをリードしてゆくのでした。

一七五九年、『メサイア』慈善音楽会と復活祭とのしばらくの後、彼ヘンデルは四月一四日、七四歳でこの世を去っています。ドイツの出身であるにもかかわらず、イギリスが誇る国民的大音楽家としてロンドンのウェストミンスター・アビィに埋葬されました。今日でもこの聖堂の一隅、『メサイア』中の名アリア『われは知る、わが贖《あがな》い主は生きたもうことを』の楽譜をしるした記念像の下に、ヘンデルの墓銘を見ることができます。

さて、そのようなヘンデル作曲のオラトリオ『メサイア（救世主）』は、三つの部分にわかれ、第一部ではキリスト出現の預言とその生誕、第二部では十字架上の受難、最後の第三部で復活と賛美が歌われています。

聖書の文言から自由に選びとられた歌詞によって、独唱者が言葉を語るように唱える叙事的なレチタティーヴォ（叙唱）、美しいメロディによる叙情的なアリア（詠唱）、さらに壮大な合唱が歌われてゆきます。とくに合唱が重要な中心的な役割をはたすのは、前回もお話ししたように、オペラとは異なるオラトリオの大きな特徴で、ヘンデルはこの合唱の劇的、量的な効果をフルに生かしています。

なかでも第二部の結びで歌われる『ハレルヤ・コーラス』は、その圧倒的な迫力でふかい感動をあたえます。このオラトリオがロンドンで演奏されたおり、臨席しておられたイギリス国王が感激のあまり起立して敬意を表し、諸人もそれにならったという故事によって、『ハレルヤ・コーラス』で起立することが今なお国際的慣行として受け入れられております。

ヘンデルのオラトリオの訴えは、このように量的であり直截的です。バッハの精緻《せいち》な充実感にはあるいは欠ける面があるかもしれませんが、聴く者を始めから終わりまで引きまわしてゆく不思議な力と輝きにみちみちているのです。

（『家庭の友』二〇〇六年九月号）

22 オラトリオ③

オラトリオの名曲『メサイア（救世主）』の作曲家ゲオルク・フリードリッヒ・ヘンデルがロンドンで世を去ったのは、彼七四歳の一七五九年のことでした。その頃からイギリス各地で、ヘンデルのオラトリオが盛大に演奏されるようになりました。当時ロンドンにおける『メサイア』演奏には、なんと二〇〇〇人もの合唱とオーケストラが参加したと記録されております。

さて、一七九一年のことですが、あのパパ・ハイドンがこの地でヘンデルのオラトリオを聴いて感動いたしました。彼フランツ・ヨーゼフ・ハイドン（一七三二〜一八〇九年）はオーストリアの音楽家で、長いことハンガリー系の大貴族の宮廷楽長として活躍しました。この頃やっと自由の身となり、一七九一年から九五年にかけてイギリスを二回訪問し、多数の新作の交響曲、たとえば『びっくり』『軍隊』『時計』『ロンドン』などというニックネームのある作品を発表して絶賛をはくしていました。

そのハイドンがヘンデルのオラトリオに感動して、「私もこのようなオラトリオを作曲しよう」と決心したのです。ウィーンの町に帰ると早速、ヴァン・スヴィーテンという教養ある音楽愛好家の貴族に、二つのオラトリオ台本を依頼します。

こうした事情から、功なり名をとげたハイドンが得意の作曲技法を駆使した二曲の名オラトリオ、『天地創造』と『四季』とが誕生することになりました。

まず、一七九八年に発表された『天地創造』。その名のように神様が天地万物、そうして人間を創造された物語です。渾沌《こんとん》とした雰囲気のオーケストラによる序曲にはじまり、神様が「光あれ」と言われると、急に明るくなって光が照りわたります。さらに二日目から四日目にかけて、大空、天体、海と陸、草木などが創造され、そのそれぞれの創造にたいして三人の独唱者（天使ガブリエル、ウリエル、ラファエル）と合唱とが御業への賛美を歌ってゆきます。とくに光の出現をよろこび歌う合唱、第一部の四日間の結びで歌われる『天は神の栄光を語り』の合唱は、傑作中の傑作として知られています。

第二部は、五日目から六日目のもろもろの生物、そうして人間の創造です。ここでもそれぞれの場面に応じたアリア（独唱者による流麗なメロディによる歌）や大規模な合唱が歌われ、さらに結びの第三部になって楽園を歩むアダムとイヴの愛の二重唱、終曲の壮大なフーガがくり広げられてゆきます。

一方、その三年後の一八〇一年に初演されたオラトリオ『四季』は、春夏秋冬の四季おりおりの農民たちの生活を歌っています。春の到来をよろこび歌う農民たちの合唱、豊穣を祈る三重唱などのあいだには、畑仕事に精を出す農民の姿さえ歌われてゆきます。そのアリアを伴奏するオーケストラが『びっくりシンフォニー』のメロディをかなでているのも、いかにもハイドンらしい遊び心です。

さらに夏の夜明けや嵐、秋の豊作、鹿狩り、葡萄酒祭り、冬のふかい霧、吹雪に道を見失った旅人などが、まるでピーテル・ブリューゲル（十六世紀）の農民画のような雰囲気で歌われてゆきます。旅人がたどり着いた家では、村人たちがバカ話をして「アッハハ、アッハハ」と笑いころげています。

およそ宗教音楽らしからぬ情景で、なにやらオペラ・ブッファ（喜歌劇）を聴いているかの思いがあります。その故でしょうか、このオラトリオの初演当時から「『天地創造』では天使が歌ったが、『四季』では百姓どもが大きな顔をして歌う」などという悪口もありました。しかし、農民たちの素朴で誠実な信仰心がどの場面でも聴きとられますし、とくに結びの三重唱と合唱による神様への賛美のフーガは名曲です。

ピーテル・ブリューゲル画「ベツレヘムの人口調査」(1566年)

もちろん『天地創造』も傑作ですが、わたくしの個人的な好みからいえば『四季』の方にハイドンのよさ、ハイドンならではの音楽の味わいを感じます。これはその人、その人の音楽の好みの問題ですから、是非とも二曲ともお聴きになって、ご自身で判定していただきたいところです。

なおハイドンには、他にも『トビアの帰還』といったオペラふうのイタリア語によるオラトリオがありますし、また十字架にかかったイエス・キリストのお言葉による『十字架上のキリストの最後の七つの言葉』という管弦楽あるいは弦楽四重奏のための器楽曲も聴きのがせません。

またハイドンの後輩にあたるルードヴィヒ・

ヴァン・ベートーヴェン（一七七〇～一八二七年）にもゲッセマネにおけるキリストの祈りと逮捕を扱ったオラトリオ『オリーブ山のキリスト』（作品85）という作品があることを指摘しておきましょう。

（『家庭の友』二〇〇六年一〇月号）

23 オラトリオ④
メンデルスゾーン作曲『エリヤ』

オラトリオは、十七世紀のはじめにオペラと双子のような間柄で誕生した劇音楽です。ただし一方のオペラは、世俗的な物語によって少数のスター級の独唱歌手を中心に、劇的な演出、つまり衣装をつけた歌手が舞台装置の前で所作する形が基本です。舞踏をたっぷり挿入したオペラさえ、少なくはありません。これにたいして、宗教的な題材によるオラトリオは、視覚的な演出を一切避け、合唱を中心にして音楽の純粋な訴えをつよく押しだす方向にすすむようになりました。

十七世紀後半のイタリアのジャコモ・カリッシミ、十八世紀前半のドイツ出身でイギリスに活躍したヘンデル、十八世紀の末から次世紀にはそのヘンデルの刺戟《しげき》を受けたオーストリアのハイドンが、それぞれすぐれたオラトリオ作品を生みだしています。

今回は、ヘンデルの『メサイア』とハイドンの『天地創造』と並んで「三大オラトリオ」の一つに数えあげられる、メンデルスゾーン作曲の『エリヤ』（作品70）です。わたくし個人としては実は『天地創造』よりも『四季』をあげたいところですが、そのあたりの判断は皆様におまかせいたしましょう。

作曲家フェリックス・メンデルスゾーン・バルトルディ（一八〇九〜一八四七年）は、ドイツ・ロマン派の音楽家です。父親の代からプロテスタントに改宗していた、富裕なユダヤ系の家庭に生まれました。すでに一七歳の頃に、あのシェークスピアによる『真夏の夜の夢』序曲を作曲するほどの早熟な音楽の才能を発揮しています。その後も有名なホ短調ヴァイオリン協奏曲や交響曲第四番『イタリア』、ピアノのための『無言歌集』といったロマンティックで幸福いっぱいの音楽、すこし厳しく言えばまるでマシュマロのような甘味たっぷりの作品を作りだしました。

しかしやがてメンデルスゾーンは、バッハやヘンデルの音楽を勉強しはじめ、大きな影響を受けるようになります。長いあいだ忘れられていたバッハ作曲『マタイ受難曲』を復活演奏したのも、成果のひとつです。

そのような壮大な宗教作品を作りたいという意欲がたかまってきた頃、おりよくイギリスの合唱祭から作曲の依頼がありました。この地はヘンデル以来合唱がさかんになり、合唱を愛するアマチュアが多数参加する機運にありました。産業革命によってイギリスの中流市民階級が経済的にも社会的にも、また文化的にも力をつけてきたという事情がその合唱運動の背景にあります。

一八四五年から翌年にかけてメンデルスゾーンはオラトリオ『エリヤ』の作曲に熱中し、一八四六年にイギリスのバーミンガム市で公開初演されることになりました。ロンドンからバーミンガム行き列車に乗り込んだ大勢の独唱者や管弦楽員たちの中で、メンデルスゾーンただひとりが神経質になってキョロキョロ不安の表情を浮かべていたと伝えられますが、英語の歌詞による初演は成功に終わりました。ただし、作曲の心労が彼の寿命を縮めて、翌一八四七年に三八歳の若さでこの世を去ってしまいました。

さて、この「エリヤ」というのは、旧約聖書の列王記に登場する預言者です。その頃、イスラエル王国には異教の神バアル信仰がはびこっていました。これにたいして、ヘブライ語で「ヤーウェは私の神なり」という名前をもつエリヤは孤軍奮闘して、唯一の神ヤーウェへの信仰を守りぬきました。

曲は、二つの部分から構成されます。異教の信仰にふけるイスラエルの地は、ヤーウェの神の怒りによって、三年のあいだ雨が降らず、日照りに苦しみます。人びとの不安をあらわす暗い序曲にはじまり、エリヤはバアルの神官たちと対決して神の怒りを解き、ついに大雨の恵みを受けることができました。

続く第二部では、迫害がせまって荒野に逃れたエリヤに、天使が食物をはこんで救い、ついにバアルの信仰を追いはらうことに成功します。最後にエリヤは、火の車にのって昇天してゆくのです。

このオラトリオには、バッハ、ヘンデルから学びとった充実した構成感が中核となり、とくに堅牢強靱《けんろうきょうじん》なフーガが展開の大きな推進力となっています。一方、メンデルスゾーンならではのロマンティックで流麗な旋律美、色彩感にも欠けるところがありません。

全曲中のどのアリアや合唱をとりだしてみても魅力あふれる音楽ですが、なかでも大雨の到来をよろこび歌う第一部結末の合唱、第二部でエリヤを慰める天使（女声）の三重唱、夢みるように抒情感ゆたかな合唱『主は眠りたまわず』、エリヤの面前に神が出現される場面の大合唱など、息もつかさずに聴かせてしまいます。力つきたエリヤが第二部で歌う『主よ、もう十分です』には、バッハの『ヨハネ受難曲』中のキリストの死を告げるアリア『こと終わった』の響きがこだましています。

オラトリオ『エリヤ』によって、メンデルスゾーンはキリスト教宗教音楽家の、長くて偉大な系列のひとりに加わることができたのでした。

（『家庭の友』二〇〇六年一一月号）

24 キリシタンのオラショ

この「宗教音楽の手引き」も今回で最終回を迎えることになりました。そこで最後に、日本の「かくれキリシタンのオラショ」についてお話しいたしましょう。

「かくれキリシタン」というのは、徳川幕府によるきびしい詮議《せんぎ》のもと、キリスト教を棄てると宣言して踏絵をふみ、しかし潜伏して心のうちの信仰を守り抜いてきた人びとです。一八七三年（明治六年）の禁教令撤廃の後もキリスト教教会に戻ることなく、潜伏時代から伝承されてきた独特の信仰、正統的なキリスト教からいちじるしく変容した一種の汎神《はんしん》的な信仰を今なお受け継いできました。

長崎県下に散在する「かくれキリシタン」のなかでも、とくに最西端の生月《いきつき》島の人びとは「オラショ」を声高に唱えます。

ラテン語の「オラツィオ（祈り）」に由来するこの「オラショ」とは、神への賛美、祈願、キ

平戸島から見た生月島
（サンパウロ・山内堅治神父提供）

リスト教の教義、掟などで、日本語によるものと、転訛《てんか》したラテン語によるものとがあります。

日本語によるオラショには、ポルトガル語由来のキリシタン用語が多数挿入されていますが、内容的にはカトリック教会の現行の祈願文とほぼ一致し、さらには一五九一年（天正十九年）頃に印刷されたカトリック教理書『どちりいな・きりしたん』や、一六〇〇年（慶長五年）印刷の『おらしょの翻訳』記載の言葉とも一致します。四世紀前の祈りの言葉が潜伏のあいだ紙に書きしるされることなく、口授と記憶によってほとんど誤りなく伝承されてきたのでした。

一方、ラテン語によるオラショは、長い潜伏によって甚《はなは》だしく転訛しているにもかかわらず、これも正規のラテン語への復元が可能です。

キリスト教信徒にとって大切な祈りである「主の祈り（主祷文）」は、生月島の三つの集落でそれぞれ以下のように唱えられます。

壱部《いちぶ》集落　ぱーちり、のーちり、きりん　せりや、さんちいち、　のべんつ
境目《さかいめ》集落　パーチリ、ノーチリ、ケーチンチリヤ、サンチリシチリ　ノベンツハ
山田《やまだ》集落　ぱーちり、のーちり、けりせんせりや　三んちもぜんちものべんつは
『おらしょの翻訳』　ぱあてるなうすてる　きゑす　いんせりす　さんちひせつる　なうめんつうん
ラテン語　Pater　noster　Qui es　in cælis;　Sanctificétur　nomen tuum.
（訳　天にましますわれらの父よ、願わくはみ名の尊《とうと》まれんことを……）

オラショを習得するのは「春の上《あが》り」（キリスト教の復活祭に相当）に先立つ「悲《かな》しみの節《せつ》」（四旬節に相当）だけに限られて、その季節内に先輩から口うつしに習います。弾圧時代には夜中に見張りを立てて、教える者と教わる者とが布団をかぶって伝習したということです。

オラショを唱えるかくれキリシタンたち

ほぼ四〇分以上を要する「オラショ」の大部分がただ唱えられるだけにたいして、他方、節《ふし》をつけて歌われる「歌オラショ」があります。その節まわしはいちじるしく日本化していますものの、旋律の流れの中に四〇〇年前に渡来したラテン語聖歌の姿をたどることが可能です。

わたくしはそれら「歌オラショ」の原曲の比定を試み、とくに『ぐるりよざ』の原曲が十六世紀イベリアの地方聖歌《オー・グロリオザ・ドミナ（栄えある聖母よ）》であることを明らかにしました。きびしい弾圧のなか、意味がまったく理解できないラテン語聖歌を口から口へと語り継ぎ、歌い継いできた努力にはまことに驚嘆すべきものがあります。

ただし、こんにちオラショを唱えるのは六〇、七〇代の方がたで、後継者はきわめて少なくなりつつあります。おそらく一〇、二〇年後には「かくれキリシタン」の信仰も、「オラショ」も絶えてしまうことでしょう。しかも解散したキリシタンのほとんどすべての方がたは、キリスト教教会に戻ろうとされません。難しい問題です。

以下に記すのは、その生月の「かくれキリシタン」が宴席のおりに歌うもので、あの極限状況のなかで天国に望みを託した心情を切ないまでに歌いあげています。

あー　この春はな　この春はなあ
桜な花かや　散るじるやなあ
また来る春はな　蕾《つぼみ》ひらくる
花であるぞやなあ

あー　参ろうやな　参ろうやなあ
パライゾ（天国）の寺にぞ　参ろうやなあ
バライゾの寺とは　申するやなあ
広いな寺とは　申するやなあ

広いな狭いは　わが胸にあるぞやなあ

（『家庭の友』二〇〇六年一二月号）

解説

樋口隆一

皆川達夫先生が九二歳で帰天されたのは二〇二〇年四月のことだった。三二年にわたって解説を担当されたNHKラジオ第一放送「音楽の泉」を三月末に終えられて間もなくのことだった。先生はそれ以前も二〇年以上にわたりNHK・FM「バロック音楽の楽しみ」の解説を担当されていた。

二〇二二年四月、皆川先生の研究資料が「皆川達夫コレクション」として、明治学院大学図書館附属遠山一行記念日本近代音楽館に搬入された。すると司書から連絡があり、一部の資料はぜひ樋口に見てもらいたいとのご指示があったという。そこで某日、それらに目を通したところ、キリシタン関係の重要資料のコピーのほか、晩年の先生が新聞や雑誌等に寄稿された原稿のコピーが大量に出てきた。

晩年の先生は、主著となった『洋楽渡来考——キリシタン音楽の栄光と挫折』(二〇〇四年)

以後、『洋楽渡来考再論――箏とキリシタンとの出会い』（二〇一四年）、『キリシタン音楽入門――洋楽渡来考への手引き』（二〇一七年）と、キリシタン音楽の研究と出版に没頭されていたが、当然ながらヨーロッパの中世ルネサンス音楽、バロック音楽、はたまたワインやミステリー小説などに関する寄稿も厖大に残されていたのである。これらを単行本として出版したいというのがご遺志だったのではないか。

そこで『洋楽渡来考』ほかの担当者でもあった日本キリスト教団出版局編集部の秦一紀さんと協議を重ねた結果、全三冊からなる「皆川達夫セレクション」として出版しようということとなった。

その第一巻となる本書『宗教音楽の手引き』は、月刊『家庭の友』（サンパウロ）二〇〇五年一月号から二〇〇六年一二月号まで二四回にわたって連載されたものである。グレゴリオ聖歌とはなにかから始まり、西洋音楽の根幹であるポリフォニー（複旋律音楽）の誕生、ミサ曲とはなにか、モテットとはなにか、レクイエムとはなにかなど、まさに西洋音楽の根幹に関わる問題を、一般の音楽ファンなら誰でもわかるようにやさしく解説する。この難題を可能としているのは、皆川先生ならではの音楽への熱い愛である。「音楽の泉」や「バロック音楽の楽しみ」などで皆川先生の語り口によってクラシック音楽へと導かれたことのある読者なら、本書の一行一行に、先生の肉声を聴くことだろう。事実、監修者として本書を編みつつある私自身も、一行一行を読みながら、今は亡き先生との対話を楽しんでいる。

二〇二四年二月

［監修者］樋口隆一《ひぐちりゅういち》

1946 年東京生まれ。慶應義塾大学文学部卒、同大学院修士課程修了。1979 年テュービンゲン大学にて哲学博士号取得。明治学院大学文学部芸術学科助教授・教授・文学部長・図書館長を歴任。

現在、明治学院大学名誉教授。国際音楽学会元副会長。明治学院バッハ・アカデミー創立者・芸術監督。

1989 年辻荘一賞受賞。2002 年オーストリア学術芸術功労十字章受章。2015 年テオドル・ベルヒェム賞受賞。

著　書　『バッハ』（新潮社、1985 年）、『原典版のはなし　作曲家と演奏家のはざまに』（全音楽譜出版社、1986 年）、『バッハカンタータ研究』（音楽之友社、1987 年）、『バッハ探究』（春秋社、1993 年）、『バッハの風景』（小学館、2008 年）他

共著書　『バッハ全集』全 15 巻（小学館、1996-99 年）他

訳　書　アーノンクール『古楽とは何か』（共訳、音楽之友社、1997 年）、ノヴァーク『ブルックナー研究』（音楽之友社、2018 年）他

皆川達夫セレクション

宗教音楽の手引き

2024 年 4 月 19 日　初版発行

著　者　皆川　達夫
監修者　樋口　隆一
発　行　日本キリスト教団出版局
169－0051　東京都新宿区西早稲田 2 丁目 3 の 18
電話・営業 03（3204）0422、編集 03（3204）0424
http://bp-uccj.jp

印刷・製本　ディグ

ISBN 978－4－8184－1162－3　C0073　日キ版
Printed in Japan